Michael Pölzl

Die Rechtsposition des Arbeitgebers im Lohnsteuerverfahren

Michael Pölzl

Die Rechtsposition des Arbeitgebers im Lohnsteuerverfahren

Rechte und Pflichten des Arbeitgebers

Lehrbuchverlag

Imprint

Cover image: www.ingimage.com

Publisher:
Der Lehrbuchverlag
is a trademark of
International Book Market Service Ltd., member of OmniScriptum Publishing Group
17 Meldrum Street, Beau Bassin 71504, Mauritius

Printed at: see last page
ISBN: 978-620-0-27255-3

INHALTSVERZEICHNIS

1. Einleitung

Die Lohnsteuer zählt als besondere Erhebungsform der Einkommensteuer neben der Umsatzsteuer zu den bedeutendsten Steuern in Österreich. Neben dem Arbeitnehmer als Schuldner der Lohnsteuer kommt dem Arbeitgeber eine zentrale Bedeutung für den Lohnsteuerabzug zu. Der Arbeitgeber ist derjenige, der die Lohnsteuer vom Arbeitslohn einzubehalten hat und an das Betriebsstättenfinanzamt abzuführen hat.

Ziel dieser Arbeit ist es, die Rechte und die Pflichten eines Arbeitgebers im Lohnsteuerverfahren sowie die Rechtsfolgen eines unrichtigen Lohnsteuerabzuges darzustellen. Der Arbeitgeber muss im Lohnsteuerverfahren teils Aufgaben übernehmen, die ihrem Wesen nach bei anderen Steuern dem Steuerpflichtigen, somit dem Steuerschuldner obliegen (z.B. Führung von Aufzeichnungen, Abfuhr von Steuern), und teils auch solche, die üblicherweise das Finanzamt ausführt (z.B. Entscheidung über die steuerliche Behandlung von Bezügen, Steuerberechnung).

Im ersten Teil der vorliegenden Arbeit wird das System des Lohnsteuerabzuges dargelegt, sodann die Lohnsteuerauskunft, die Lohnsteuerprüfung, die Haftung des Arbeitgebers, die Lohnsteueranmeldung betrachtet, um schließlich auf die Rechtsfolgen des unrichtigen Lohnsteuerabzuges beim Arbeitgeber einzugehen. Weiters werden im ersten Teil noch Zinsen und Säumniszuschläge sowie Verjährungsfristen im Lohnsteuerrecht erläutert.
Der zweite Teil umfasst die Rechtsschutzmöglichkeiten im Lohnsteuerrecht. Dabei wird vor allem auf die Bescheidbeschwerde, die Beschwerdevorentscheidung, die Säumnisbeschwerde sowie auf die Wiederaufnahme des Verfahrens eingegangen.
Der dritte Teil dieser Arbeit beschäftigt sich mit der Abgabenhinterziehung. Hier wird auf das FinStrG eingegangen und dargelegt, dass eine wissentliche Abgabenverkürzung durch den Arbeitgeber den Tatbestand der Abgabenhinterziehung erfüllt und wie sich der Arbeitgeber trotz Erfüllung dieses Delikts Straffreiheit sichern kann, nämlich durch Selbstanzeige.

In dieser Arbeit werden personenbezogene Bezeichnungen zwecks besserer Lesbarkeit in der männlichen Form verwendet; sie beziehen sich auf Frauen und Männer gleichermaßen.

2. Rechte und Pflichten des Arbeitgebers im Lohnsteuerverfahren

Bei Einkünften aus nichtselbständiger Arbeit (§ 25 EStG) wird die ESt idR nicht im Wege der Veranlagung, sondern durch Abzug vom Arbeitslohn erhoben (Lohnsteuer). Die Lohnsteuer ist eine besondere Erhebungsform der ESt für Einkünfte aus nichtselbständiger Arbeit. Dies dient der Vereinfachung sowie auch der Sicherung der Steuereinhebung. Mit der Lohnsteuer soll das Einkommen durch Besteuerung an der Quelle frühestmöglich besteuert werden.[1] Die gesetzlichen Bestimmungen für einen Lohnsteuerabzug finden sich in § 47 EStG, der eine Betriebsstätte des Arbeitgebers und Lohnauszahlungen an den Arbeitnehmer iSd § 25 EStG fordert.

Die Besonderheit der Lohnsteuer besteht darin, dass es sich entweder um eine endgültige Steuerleistung oder um eine bloße Vorauszahlung auf eine Höhe noch erst festzusetzende Steuer handelt.[2] Sofern eine Veranlagung unterbleibt, wird mit der Lohnsteuer die endgültige Steuerschuld entrichtet.[3] Wird jedoch der Lohnsteuerpflichtige zur Einkommensteuer veranlagt, dann wird die Lohnsteuer auf die festgesetzte Einkommensteuer angerechnet. Die Lohnsteuer wird nur dann erhoben, wenn der Arbeitgeber eine Betriebsstätte im Inland (§ 81 EStG) betreibt. Betreibt der Arbeitgeber keine Betriebsstätte im Inland, hat der Fiskus keinen Zugriff auf die Sicherung der Lohnsteuerabführung. Auf Grund dessen wird in diesen Fällen der Arbeitnehmer mit den nichtselbständigen Einkünften zur Einkommensteuer veranlagt.[4]

Der ausländische Arbeitgeber ist zum Lohnsteuerabzug verpflichtet, wenn er

- die Berechnung des Arbeitslohnes im Inland vornimmt, oder
- im Inland für mehr als einen Monat eine feste örtliche Anlage oder Einrichtung unterhält, wobei diese feste örtliche Anlage oder Einrichtung der Ausübung der Tätigkeit durch den Arbeitnehmer dient.[5]

---

[1] *Kirchmayr/Denk* in *Doralt/Kirchmayr/Mayr/Zorn*, EStG[18] § 47 EStG Rz 1.

[2] *Werndl*, Allgemeines Steuerrecht (2000) Rz 64.

[3] *Doralt*, EStG II[6] § 47 Tz 1.

[4] *Kirchmayr/Denk* in *Doralt/Kirchmayr/Mayr/Zorn*, EStG[18] § 47 EStG Rz 3.

[5] *Kirchmayr/Denk* in *Doralt/Kirchmayr/Mayr/Zorn*, EStG[18] § 47 EStG Rz 9.

Die Lohnsteuer für die einzelnen Lohnzahlungszeiträume ergibt sich aus dem allgemeinen Jahrestarif (§ 33 EStG), der auf den Lohnzahlungszeitraum umgerechnet wird (§ 66 EStG).[6]

2.1 Arbeitgeber

Arbeitgeber ist, wer Arbeitslohn iSd § 25 EStG auszahlt. Der Begriff Arbeitgeber ist jedoch sehr weit gefasst. Arbeitgeber iSd § 25 EStG ist nicht nur derjenige, der im Rahmen eines Dienstverhältnisses (§ 47 Abs 2 EStG) Arbeitnehmer beschäftigt, sondern § 25 EStG erfasst vielmehr auch Einkünfte, die systematisch anderen Einkunftsarten nahestehen (z.B. Pensionen nach dem GSVG, Bezüge nach dem BezügeG). Als Arbeitgeber gelten daher auch die Träger der gesetzlichen Sozialversicherung, soweit sie Pensionen aus der gesetzlichen Sozialversicherung auszahlen.[7] Arbeitgeber kann jede natürliche oder juristische Person (auch Körperschaft öffentlichen Rechts) sein, aber auch jedes andere Gebilde des Wirtschaftslebens, wie Gesellschaften nach bürgerlichem Recht oder gemeinnützige Rechtsträger kann die Stellung als Arbeitgeber iSd § 82 EStG zukommen.[8]

2.2 Steuerschuldner

Steuerschuldner ist der Arbeitnehmer. Arbeitnehmer ist eine natürliche Person, die Einkünfte aus nichtselbständiger Arbeit (§ 25 EStG) bezieht. Der Arbeitnehmer bleibt als Steuerpflichtiger Steuerschuldner der Lohnsteuer, auch wenn der Arbeitgeber gem § 82 EStG für die Einbehaltung der Lohnsteuer haftet.[9] Die Abgabenbehörde kann den Arbeitnehmer für die von ihm geschuldete Lohnsteuer nur dann unmittelbar in Anspruch nehmen, wenn einer der Tatbestände des § 83 Abs 2 EStG oder nach § 83 Abs 3 EStG vorliegt. In allen anderen Fällen muss die nicht abgeführte oder zu wenig abgeführte Lohnsteuer beim Arbeitgeber im Zuge einer Lohnsteuerprüfung nachgefordert werden.

[6] *Kirchmayr/Denk* in *Doralt/Kirchmayr/Mayr/Zorn*, EStG[18] § 47 EStG Rz 2.

[7] *Kirchmayr/Denk* in *Doralt/Kirchmayr/Mayr/Zorn*, EStG[18] § 47 EStG Rz 4.

[8] *Kirchmayr/Denk* in *Doralt/Kirchmayr/Mayr/Zorn*, EStG[18] § 47 EStG Rz 12.

[9] VwGH 25. 11. 2010, 2007/15/0130.

Wird ein Arbeitnehmer unmittelbar von der Abgabenbehörde zur Haftung herangezogen, dann darf die Lohnsteuer nicht beim Arbeitgeber nachgefordert werden. Außer wenn die Veranlagungstatbestände des § 83 Abs Z 1 und Z 4 EStG erfüllt sind, wird der Arbeitgeber nicht von seiner Haftung befreit. Der Arbeitnehmer wird mittels Haftungsbescheid in Anspruch genommen. Durch die Erlassung eines Abgabenbescheides wird das Gesamtschuldverhältnis gegenüber dem Arbeitnehmer wirksam.[10]

Ein fehlerhafter Lohnsteuerabzug kann im Rahmen der Veranlagung wieder korrigiert werden.[11] Der fehlerhafte Lohnsteuerabzug des Arbeitgebers wird im Veranlagungsweg beim Arbeitnehmer berichtigt und nicht über einen Haftungsbescheid, bei dem die Lohnsteuer beim Arbeitgeber eingehoben wird.

Insoweit unrechtmäßigerweise keine Lohnsteuer einbehalten wurde, kommt es bei der Veranlagung zu einer Nachholwirkung. Dabei ist es bedeutungslos, ob der Arbeitgeber zur Haftung nach § 82 EStG herangezogen wurde oder nicht.[12]

2.2.1 Zwingende Inanspruchnahme des Arbeitnehmers

Der Arbeitnehmer darf in der Regel nur von der Abgabenbehörde in Anspruch genommen werden. Der Arbeitnehmer wird unmittelbar in Anspruch genommen, wenn

- die Voraussetzungen des § 41 Abs 1 für eine Pflichtveranlagung vorliegen,
- die Voraussetzungen für eine Nachversteuerung gem § 18 Abs 4 vorliegen,
- eine Veranlagung auf Antrag (§ 41 Abs 2) durchgeführt wird,
- eine ausländische Einrichtung iSd § 5 Z 4 PKG die Einkommensteuer durch Abzug vom Arbeitslohn (§ 47 Abs 1) nicht erhoben hat.[13]

Liegen die Voraussetzungen für eine Veranlagung iSd § 41 EStG vor, erfolgt eine Nachforderung der Lohnsteuer beim Arbeitnehmer im Rahmen einer

[10] VwGH 28.6.1989, 88/16/0210.

[11] VwGH 20.2.1992, 90/13/0154.

[12] VwGH 20.11.2012, 2008/13/0252.

[13] *Knechtl* in *Wiesner/Grabner/Wanke*, EStG § 83 Rz 5.

Einkommensteuerveranlagung. Die unmittelbare Inanspruchnahme des Arbeitnehmers ist grundsätzlich sowohl für die Lohnsteuer von den laufenden Bezügen als auch für die Lohnsteuer von den sonstigen Bezügen möglich.[14] Liegen die Voraussetzungen des § 41 EStG (Pflichtveranlagung oder Antragsveranlagung) nicht vor, hat eine Veranlagung bei Bezug lohnsteuerpflichtiger Einkünfte zu unterbleiben. Das gilt auch dann, wenn zu Unrecht von einem Arbeitgeber keine Lohnsteuer einbehalten wurde.[15]

Jene Lohnsteuer, für die der Arbeitnehmer gem § 83 Abs 2 Z 3 EStG unmittelbar in Anspruch genommen werden kann, darf beim Arbeitgeber nicht nachgefordert werden. Jedoch entbinden die Veranlagungstatbestände nach § 83 Abs 2 Z 1 und 4 EStG den Arbeitgeber nicht von der Haftung nach § 82 EStG. Der Arbeitnehmer kann nach § 83 Abs 3 EStG unmittelbar vom Finanzamt in Anspruch genommen werden, wenn er vorsätzlich mit dem Arbeitgeber zusammenwirkt und an der Verkürzung der Lohnsteuer mitwirkt.[16] Bei Betrugsfällen kann der Arbeitnehmer unmittelbar zur Lohnsteuerzahlung herangezogen werden, wenn die Haftung beim Arbeitgeber (z.B. wegen Insolvenz) ins Leere geht.

2.3 Aufrollung (§ 77 Abs 3 EStG)

Der Arbeitgeber kann im laufenden Kalenderjahr von den zum laufenden Tarif zu versteuernden Bezügen die Lohnsteuer neu berechnen. Die vergangenen Lohnzahlungszeiträume sind dann uneingeschränkt aufzurollen (§ 77 Abs 3 EStG). Die Aufrollung kann jederzeit, spätestens aber unter Miteinbeziehung des Dezemberbezuges erfolgen.[17] Darüber muss der Arbeitgeber das Betriebsstättenfinanzamt nicht informieren.
Der Arbeitgeber kann eine Aufrollung durchführen. Der Arbeitgeber ist dazu aber grundsätzlich nicht verpflichtet. Führt der Arbeitgeber keine Aufrollung durch, kommt es bei der Veranlagung zu einer Gutschrift der zu viel einbehaltenen Lohnsteuer.[18] Der

---

[14] *Knechtl* in *Wiesner/Grabner/Wanke*, EStG § 83 Rz 6.

[15] VwGH 27.10.1987, 85/14/0010.

[16] Vgl Knechtl in Wiesner/Grabner/Wanke, EStG § 83 Rz 17.

[17] *Doralt* in *Doralt/Kirchmayr/Mayr/Zorn*, EStG[18] § 77 EStG Rz 4.

[18] *Knechtl* in *Wiesner/Grabner/Wanke*, EStG § 77 Rz 12.

Arbeitgeber kann auch bei einmaliger Auszahlung der Bezüge eine Aufrollung nach Abs 3 für vergangene Lohnzahlungszeiträume (Monate) des Kalenderjahres durchführen.

Während einer ganzjährigen Beschäftigung bei einem Arbeitgeber besteht die Aufrollungsmöglichkeit im Sinne einer gleichmäßigen Verteilung der Bezüge auf die Lohnzahlungszeiträume des Kalenderjahres. Das bedeutet, dass die Lohnsteuerberechnung, ex ante betrachtet, vom Arbeitgeber richtig erfolgt, und die Lohnsteuer gleichmäßig auf das gesamte Lohnzahlungskalenderjahr verteilt wird. Wird ein Dienstverhältnis erst im Laufe eines Kalenderjahres begründet, darf die Aufrollung nur bezüglich der Zeiträume der tatsächlichen Beschäftigung vorgenommen werden. Wird ein Dienstverhältnis während eines Kalenderjahres beendet, so darf die Aufrollung nur bis zur letzten Lohnzahlung erfolgen.[19]

Wenn der Arbeitgeber eine Lohnnachzahlung für das vergangene Jahr bis spätestens 15. Februar tätigt, gilt abweichend von der Zuflussregelung des § 19 EStG, dass der Arbeitgeber die Lohnsteuer mittels Aufrollen neu berechnen kann. Hiervon erfasst sind sowohl die laufenden Bezüge als auch die sonstigen Bezüge. Tätigt der Arbeitgeber keine Aufrollung, sind diese Bezüge als Dezemberbezüge des Vorjahres zu sehen.[20]

2.3.1 Beschränkungen

Sollte die Aufrollung auch die Bezüge des Monats Dezember umfassen, können bei der Neuberechnung der Lohnsteuer vom Arbeitnehmer entrichtete Beiträge für die freiwillige Mitgliedschaft bei Berufsverbänden gem § 16 Abs 1 Z 3 lit b EStG berücksichtigt werden, sofern

- der Arbeitnehmer im Kalenderjahr ständig von diesem Arbeitgeber Arbeitslohn (§ 25 EStG) erhalten hat,
- der Arbeitgeber keine Freibeträge aufgrund einer Mitteilung iSd § 63 berücksichtigt hat und

---

[19] *Doralt* in *Doralt/Kirchmayr/Mayr/Zorn*, EStG[18] § 77 EStG Rz 5.

[20] *Doralt*, EStG[14] (2010) § 77 Rz 9.

- dem Arbeitgeber die entsprechenden Belege vorgelegt werden.[21]

Wurde im Zuge der Lohnverrechnung fälschlicher Weise eine zu hohe Lohnsteuer berechnet und einbehalten, ist der Abfuhrverpflichtete berechtigt, zu Unrecht einbehaltene Beträge auszugleichen; dies jedoch nur bis zum Ablauf des jeweiligen Kalenderjahres (§ 240 Abs 1 BAO bzw § 77 Abs 3 und 4 EStG). Danach hat nur mehr der Arbeitnehmer auf Grundlage der übermittelten Lohnzettel die Möglichkeit, die fälschlicher Weise einbehaltene Lohnsteuer im Rahmen der Veranlagung oder in Ausnahmefällen im Wege eines Antrags nach § 240 BAO zurückzubekommen.[22]

Des Weiteren ist eine Neuberechnung der Lohnsteuer nicht mehr zulässig, wenn an den Arbeitnehmer im laufenden Kalenderjahr Krankengeld aus der gesetzlichen Krankenversicherung ausbezahlt wurde. Bei Auszahlung von Bezügen aus einer gesetzlichen Krankenversicherung sind gem § 69 Abs 2 EStG (ab 2016) 25% Lohnsteuer einzubehalten, soweit diese Bezüge (ab 2016) 30 € täglich übersteigen.[23]

2.3.2 Aufrollung sonstiger Bezüge (§ 77 Abs 4 EStG)

§ 77 Abs 4 EStG regelt die Aufrollung sonstiger Bezüge, die der Arbeitgeber ebenfalls durchführen kann, aber nicht muss. Eine Aufrollung ist nur für jene Arbeitnehmer zulässig, die im Kalenderjahr ständig von diesem Arbeitgeber Arbeitslohn (§ 25 EStG) erhalten haben. Die Aufrollung sonstiger Bezüge ist frühestens in jenem Monat, in dem der letzte sonstige Bezug für das Kalenderjahr bezahlt wird, zulässig. Bei der Aufrollung gem § 77 Abs 4 EStG wird die Steuer für die sonstigen Bezüge gem § 67 Abs 1 und Abs 2 EStG (innerhalb des Jahressechstels) und für Bezüge gem § 67 Abs 5 TS 2 EStG, die gem § 67 Abs 1 und 2 EStG zu versteuern sind, neu berechnet, wenn das Jahressechstel den Betrag von 2.100 € übersteigt.[24]

---

[21] *Knechtl* in *Wiesner/Grabner/Wanke*, EStG § 77 Rz 15.

[22] *Knechtl* in *Wiesner/Grabner/Wanke*, EStG § 77 Rz 16.

[23] *Knechtl* in *Wiesner/Grabner/Wanke*, EStG § 77 Rz 17.

[24] *Knechtl* in *Wiesner/Grabner/Wanke*, EStG § 77 Rz 18.

Übersteigen die sonstigen (Brutto-)Bezüge (innerhalb des Jahressechstels und Jahreszwölftels) die Freigrenze von 2.100 €, so beträgt die Steuer nach Abzug der darauf entfallenden Arbeitnehmeranteile zur Sozialversicherung 6% des 620 € übersteigenden Betrags, jedoch höchstens 30% der 2.000 € übersteigenden Bemessungsgrundlage. Die Bemessungsgrundlage errechnet sich aus den sonstigen (Brutto-)Bezügen abzüglich der darauf entfallenden Arbeitnehmeranteile zur Sozialversicherung.[25]

2.3.3 Aufrollung des Vorjahres (§ 77 Abs 5 EStG)

Die Bestimmung des § 77 Abs 5 EStG bezieht sich sowohl auf laufende als auch auf sonstige Bezüge, die für das Vorjahr bis zum 15. Februar des Folgejahres ausgezahlt werden.[26] Bei Lohnnachzahlungen für das Vorjahr bis 15. Februar gilt abweichend vom Zuflusszeitpunkt des § 19 EStG Folgendes:

- Der Arbeitgeber kann die Lohnzahlungszeiträume des Vorjahres aufrollen und die Lohnsteuer neu berechnen. Die Neuberechnung erfasst sowohl die laufenden sowie auch die sonstigen Bezüge.
- Erfolgt keine Aufrollung, dann sind die Bezüge dem Dezember des Vorjahres zuzuordnen.[27]

2.4 Einbehaltung der Lohnsteuer (§ 78 EStG)

Der Arbeitgeber hat die Lohnsteuer des Arbeitnehmers bei jeder Lohnzahlung einzubehalten[28] (§ 78 Abs 1 EStG) und an das Betriebsstättenfinanzamt abzuführen. Als Lohnzahlungen gelten auch Vorschuss- oder Abschlagszahlungen, sonstige vorläufige Zahlungen auf erst später werdenden Arbeitslohn sowie Bezüge aus einer gesetzlichen Krankenversicherung. Der Lohnsteuerabzug hat in dem Zeitpunkt zu erfolgen, in dem der Arbeitslohn dem Arbeitnehmer zufließt, auf die Fälligkeit des Arbeitslohnes kommt es

---

[25] *Knechtl* in *Wiesner/Grabner/Wanke*, EStG § 77 Rz 20.

[26] *Knechtl* in *Wiesner/Grabner/Wanke*, EStG § 77 Rz 22.

[27] *Doralt* in *Doralt/Kirchmayr/Mayr/Zorn*, EStG[18] § 77 EStG Rz 9.

[28] VfGH 3.10.1979, B 412–414/76, 1980, 53; VfGH 15.12.1976, G 21, 22/76, 1977, 30.

nicht an. Der Zeitpunkt des Zufließens richtet sich nach § 19 EStG.[29] Ist daher der Arbeitslohn noch nicht iSd § 19 EStG zugeflossen, ist auch die Einbehaltung von Lohnsteuer nicht zulässig.

Ob der Arbeitgeber die Lohnsteuer vorschriftsmäßig einbehalten hat, kann nur nach der Sachlage im Zeitpunkt des Abzuges beurteilt werden.[30] Der Arbeitgeber kann, wenn er zu viel Lohnsteuer einbehalten hat, den Fehler im Laufe des Kalenderjahres bzw. bis zum 15. Februar des Folgejahres berichtigen.[31] Danach kann eine Berichtigung der Lohnsteuer zu Gunsten des Arbeitnehmers grundsätzlich nur im Wege der Veranlagung bzw. nach Maßgabe des § 240 Abs 3 BAO erfolgen. Hat der Arbeitgeber durch die fehlerhafte Berechnung zu wenig Lohnsteuer einbehalten und abgeführt, muss der Arbeitgeber den Fehler berichtigen und den Differenzbetrag abführen. Die Berichtigung kann im laufenden Kalenderjahr bzw. bis zum 15. Februar des Folgejahres im Rahmen einer Aufrollung erfolgen. Wird die fehlerhafte Berechnung erst nach dem 15. Februar des Folgejahres festgestellt oder kann eine Aufrollung nicht erfolgen, weil der Arbeitnehmer bereits aus dem Unternehmen ausgeschieden ist, hat der Arbeitgeber dies dem Finanzamt für eine bescheidmäßige Festsetzung (§ 202 BAO) mitzuteilen.[32] Der Arbeitgeber wird von seiner Verpflichtung zum Steuerabzug nicht befreit, wenn seine Arbeitnehmer erklären, dass sie ihre Bezüge einbekennen oder eine Steuererklärung abgeben werden.[33]
Wird der Arbeitslohn während eines Kalendermonats regelmäßig nur in ungefährer Höhe in Teilbeträgen ausgezahlt (Abschlagszahlung) und erst für den Kalendermonat eine genaue Lohnabrechnung vorgenommen, kann die Lohnsteuer vom Arbeitgeber erst bei der Lohnabrechnung einbehalten werden.[34]

Der Arbeitgeber hat dem Arbeitnehmer mit der Lohnzahlung auch eine Abrechnung für den im Kalendermonat ausbezahlten Arbeitslohn auszuhändigen. In dieser Abrechnung müssen

---

[29] *Doralt* in *Doralt/Kirchmayr/Mayr/Zorn*, EStG[18] § 78 EStG Rz 3.

[30] VwGH 21.12.1956, 0359/55.

[31] VwGH 26.02.1963, 1325/60.

[32] BMF 11.12.2015, BMF-010222/0088-VI/7/2015 Rz 1194.

[33] VwGH 17.12.1957, 3094/55.

[34] BMF 11.12.2015, BMF-010222/0088-VI/7/2015 Rz 1196.

• die gezahlten Bruttobezüge (§ 25 EStG 1988),
• die Beitragsgrundlage für die Pflichtbeiträge (Sozialversicherungs-Beiträge),
• die Pflichtbeiträge selbst (§ 16 EStG 1988) sowie
• die Bemessungsgrundlage für die Lohnsteuer und
• die einbehaltene Lohnsteuer

enthalten sein.[35]

2.5 Abfuhr der Lohnsteuer (§ 79 EStG)

2.5.1 Frist und Entrichtung

Die Lohnsteuer ist eine Selbstberechnungsabgabe.[36] Arbeitgeber im Sinne des EStG ist, wer Bezüge gem § 25 EStG ausbezahlt und den mit der Auszahlung dieser Bezüge verbundenen wirtschaftlichen Aufwand trägt.[37] Bei der Lohnsteuer tritt die Fälligkeit unabhängig davon ein, ob dem Abgabepflichtigen und der Abgabenbehörde zu diesem Zeitpunkt die Höhe der Abgabenschuld bekannt ist.[38]

Der Arbeitgeber ist verpflichtet die gesamte Lohnsteuer, die in einem Kalendermonat einzubehalten war, spätestens am 15. Tag nach Ablauf des Kalendermonats in einem Betrag an das Finanzamt der Betriebsstätte abzuführen. Für die Abfuhr der Lohnsteuer ist der Auszahlungstag des Arbeitslohnes maßgebend und nicht der Zeitraum, für den der Arbeitslohn ausbezahlt wird. Eine Fristerstreckung ist jedoch nicht möglich (§ 110 Abs 1 BAO).

Hier sind die Bestimmungen über die Entrichtung von Abgaben und über den Säumniszuschlag anzuwenden (§ 211 und § 217 BAO).[39] Die Verwendung von Guthaben kommt auch als Art der Entrichtung von Abgaben in Betracht, daher können Guthaben die

---

[35] BMF 11.12.2015, BMF-010222/0088-VI/7/2015 Rz 1199.

[36] VwGH 24.2.2004, 99/14/0278.

[37] VwGH 26.1.1994, 92/13/0148.

[38] *Knechtl* in *Wiesner/Grabner/Wanke*, EStG § 79 Rz 18.

[39] *Doralt* in *Doralt/Kirchmayr/Mayr/Zorn*, EStG § 79 Rz 1.

Verpflichtung zur Abfuhr der Lohnsteuer unter der Bedingung einer die abzuführenden Beträge lohnabhängiger Abgaben offenlegenden Anmeldung grundsätzlich erfüllen.[40]

Die Lohnsteuer ist in einem Betrag abzuführen. Eine Aufteilung auf einzelne Arbeitnehmer hat nicht zu erfolgen. Auch in der Lohnsteueranmeldung ist nur die Gesamtsumme anzugeben.[41] Zahlungserleichterungen für die Abfuhr der Lohnsteuer kann nur der abführungspflichtige Arbeitgeber und nicht der Arbeitnehmer beantragen.[42]
Führt der Arbeitgeber die Lohnsteuer nicht in richtiger Höhe ab, hat das Betriebsstättenfinanzamt die Höhe der rückständigen Lohnsteuer zu schätzen und kann den Arbeitgeber in der Höhe des geschätzten Rückstandes haftbar machen sowie vom Arbeitgeber Lohnsteueranmeldungen verlangen (§ 80 EStG).[43]

2.5.2 Zuordnung der Bezüge

Werden Bezüge regelmäßig wiederkehrend erst zu Beginn des Folgemonats, spätestens bis zum 15. Tag des Folgemonats für den vorausgegangenen Kalendermonat ausbezahlt, dann ist die darauf entfallende Lohnsteuer noch für den vergangenen Monat abzuführen.
Sind Bezüge regelmäßig am ersten Tag eines Monats im Vorhinein fällig und hat die Auszahlung wegen eines Samstags, Sonn- oder Feiertags bereits am letzten Werktag des Vormonats zu erfolgen, bestehen keine Bedenken, wenn die einbehaltene Lohnsteuer als für den Monat einbehalten gilt, für den die Bezüge zu gewähren sind.[44]

Der Gesetzgeber geht offensichtlich davon aus, dass nach § 79 Abs 2 EStG die Lohnsteuer für Bezüge des Vorjahres, sofern diese nach dem 15.1., aber vor dem 15.2. ausgezahlt werden, die Zahlung dem Vorjahr zuzurechnen ist (betrifft vor allem Nachzahlungen von Überstunden für das Vorjahr und andere Bezüge, die sozialversicherungsrechtlich dem

---

[40] VwGH 29.9.2004, 2000/13/0151.

[41] *Knechtl* in *Wiesner/Grabner/Wanke*, EStG § 79 Rz 4.

[42] *Ritz*, BAO[6] § 212 Tz 6.

[43] *Doralt* in *Doralt/Kirchmayr/Mayr/Zorn*, EStG § 79 Rz 3.

[44] LStR 2002 Rz 1201.

Vorjahr zuzurechnen sind). Daher sind die entsprechenden Bemessungsgrundlagen und die darauf entfallende Lohnsteuer im Jahreslohnzettel des Vorjahres auszuweisen.[45]

Die Begünstigung für Nachzahlungen gemäß § 67 Abs 8 EStG ist in solchen Fällen nicht möglich, weil eine willkürliche Verschiebung des Auszahlungszeitpunktes anzunehmen ist.[46] Wird die Nachverrechnung und Ausbezahlung von Lohnbezugsteilen erst am 19. März des Folgejahres vorgenommen, können diese Lohnbestandteile nicht mehr in den Lohnzettel für das Vorjahr einbezogen werden, selbst wenn das Arbeitsverhältnis zum 31.12. des Vorjahres beendet wurde.[47] Eine Jahreserfolgsprämie, die vertraglich erst zwischen 1. Jänner und 15. Februar des Folgejahres fällig ist, und in diesem Zeitraum als Einmalbetrag ausbezahlt wird, kann nicht dem Vorjahr zugeordnet werden, weil der vertragliche Anspruch erst im Folgejahr entsteht.[48]

2.5.3 Verletzung der Abfuhrpflicht

Verletzungen der Abfuhrpflicht unterliegen dem Finanzstrafgesetz. Führt der Arbeitgeber die Lohnsteuer nicht in richtiger Höhe ab, kann das Betriebsstättenfinanzamt vom Arbeitgeber Lohnsteuernachzahlungen verlangen.[49] Die Verpflichtung des Arbeitgebers, die Lohnsteuer einzuheben und an das Finanzamt abzuführen, ist nicht verfassungswidrig.[50] Wird die Lohnsteuer durch den Arbeitgeber gar nicht oder nicht in der richtigen Höhe abgeführt, sind von Amts wegen behördliche Maßnahmen zu setzen. Zunächst ist dem Arbeitgeber in Form einer besonderen Erinnerung die Verpflichtung zur Abfuhr der Lohnsteuer mitzuteilen. Dabei handelt es sich um eine verfahrensleitende Verfügung gem § 94 BAO, die sowohl schriftlich als auch mündlich erlassen werden kann.[51] Zeigt jedoch diese besondere Erinnerung keinen Erfolg, ist die rückständige

[45] *Knechtl* in *Wiesner/Grabner/Wanke*, EStG § 79 Rz 9.

[46] *Doralt* in *Doralt/Kirchmayr/Mayr/Zorn*, EStG § 79 Rz 2.

[47] Vgl *Knechtl* in *Wiesner/Grabner/Wanke*, EStG § 79 Rz 12.

[48] *Knechtl* in *Wiesner/Grabner/Wanke*, EStG § 79 Rz 13.

[49] *Doralt* in *Doralt/Kirchmayr/Mayr/Zorn*, EStG § 79 Rz 4.

[50] VfGH 27.1.1977, B 151/75.

[51] *Fellner* in *Hofstätter/Reichel*, §§ 78, 79 Tz 8.

Lohnsteuer durch das Finanzamt zu schätzen und der Arbeitgeber ist in Höhe des Rückstands zur Haftung gem § 82 EStG heranzuziehen.[52]

Steht fest, dass der Arbeitgeber die Lohnsteuer nicht ordnungsgemäß abführt, kann er zur Abgabe von Lohnsteueranmeldungen verpflichtet werden (§ 80 EStG). Wird eine Abgabe nicht spätestens am Fälligkeitstag entrichtet, so entsteht der Abgabenanspruch (§ 4 BAO) für den ersten Säumniszuschlag gem § 217 BAO. Die Vorschreibung des Säumniszuschlags ist eine objektive, vom Verschulden unabhängige Säumnisfolge bei Nichtentrichtung der Abgabe am Fälligkeitstag.[53]

Unterlässt der Arbeitgeber die Abfuhr der Lohnsteuer, hat das Finanzamt die Lohnsteuer zu schätzen und den Arbeitgeber in Höhe des geschätzten Rückstandes haftbar zu machen (§ 82 EStG).[54] Dies gilt auch, wenn die abgeführte Lohnsteuer auffallend gering ist. Nur der Umstand, dass die abgeführte Lohnsteuer zu gering erscheint, kann allerdings noch keine Schätzung rechtfertigen. Es müssen vielmehr Umstände vorhanden sein, die die Vermutung nahelegen, dass die Lohnsteuer tatsächlich in zu geringer Höhe abgeführt worden ist.[55] Im Rahmen der Schätzung sind alle Umstände, die von Bedeutung sind, zu berücksichtigen (z.B. bisherige durchschnittliche Lohnsteuerabfuhren, saisonbedingte Schwankungen, Krankenkassenanmeldungen).

2.6 Lohnsteueranmeldung (§ 80 EStG)

Nach § 80 Abs 1 EStG kann das Finanzamt der Betriebsstätte verlangen, dass ein Arbeitgeber, der die Lohnsteuer nicht ordnungsgemäß abführt, eine Lohnsteueranmeldung abgibt. Die Lohnsteuer, der Dienstgeberbeitrag und der Zuschlag zum Dienstgeberbeitrag gehören zu den Selbstbemessungsabgaben.[56] Inhalt der Lohnsteueranmeldung ist die Bekanntgabe des Arbeitgebers, wie viel Lohnsteuer, Dienstgeberbeitrag und Zuschlag zum

[52] Vgl *Knechtl* in *Wiesner/Grabner/Wanke*, EStG § 79 Rz 15.

[53] VwGH 27.9.1999, 98/17/0165.

[54] *Doralt* in *Doralt/Kirchmayr/Mayr/Zorn*, EStG § 79 Rz 5.

[55] Vgl *Doralt* in *Doralt/Kirchmayr/Mayr/Zorn*, EStG § 79 Rz 6.

[56] VwGH 24. 2. 2004, 99/14/0278.

Dienstgeberbeitrag im Kalendermonat einzubehalten war. Es ist nicht erforderlich anzugeben, wie viel Lohnsteuer tatsächlich einbehalten wurde.[57] Die tatsächliche Abgabe der Lohnsteueranmeldung bedeutet nicht, dass auch die Lohnsteuer fristgerecht abgeführt wurde. Die Lohnsteueranmeldung ist nach dem Wortlaut des Gesetzes spätestens am 15. Tag nach Ablauf des Kalendermonats dem Finanzamt der Betriebsstätte zu übermitteln.[58] Die Möglichkeit einer Fristverlängerung (§ 134 Abs 2 BAO) besteht für alle Abgabenerklärungsfristen (dazu zählen auch Lohnsteueranmeldungen).[59]

Wurde vom Finanzamt der Betriebsstätte die Abgabe der Lohnsteueranmeldung verlangt, so muss der Arbeitgeber die Lohnsteueranmeldung auch dann abgeben, wenn er im Anmeldungszeitraum keine Lohnsteuer einzubehalten hatte. Aus dem Inhalt der Lohnsteueranmeldungen ist nicht ersichtlich, ob die darin erklärte Lohnsteuer bei den Arbeitnehmern im Falle einer späteren Veranlagung auch anzurechnen ist, weil eine Anrechnung nur dann zu erfolgen hat, wenn die Lohnsteuer vom Arbeitgeber überhaupt einbehalten wurde.[60]

Strittig ist die Frage, ob Lohnsteueranmeldungen als Abgabenerklärungen anzusehen sind. Dies ist bedeutsam für die Möglichkeit eines Verspätungszuschlages gem § 135 BAO, für die Verlängerung der Frist zur Abgabe der Lohnsteueranmeldung gem § 134 BAO oder für die Berichtigung nach § 293b BAO.[61]

„Nach Reichel/Fellner in Hofstätter/Reichel, § 80 Tz 4.1, Doralt, § 80 Rz 4 (im Ergebnis) und Jakom/Lenneis, § 80 Rz 2 stellen Lohnsteueranmeldungen auch Abgabenerklärungen iSd § 133 BAO dar. Nach Stoll, BAO, 1538 und nach Ansicht des BMF (Erl BMF 14. 4. 2006, GZ BMF-010103/0030-VI/2006 betr Verspätungszuschlag; Erl BMF 19. 5. 2009, GZ BMF-010103/0057-VI/2009 betr Richtlinien zur Berichtigung gemäß § 293b BAO) sind Lohnsteueranmeldungen keine Abgabenerklärungen.“[62]

---

57 *Knechtl* in *Wiesner/Grabner/Wanke*, EStG § 80 Rz 4.

58 VwGH 22.1.1987, 86/16/0023.

59 VwGH 11.11.2010, 2010/17/0053.

60 *Knechtl* in *Wiesner/Grabner/Wanke*, EStG § 80 Rz 4.

61 *Knechtl* in *Wiesner/Grabner/Wanke*, EStG § 80 Rz 7.

62 *Knechtl* in *Wiesner/Grabner/Wanke*, EStG § 80 Rz 8.

2.6.1 Verpflichtung zur Lohnsteueranmeldung

Die Verpflichtung, Lohnsteueranmeldungen abzugeben, darf dem Arbeitgeber nur dann auferlegt werden, wenn feststeht, dass Lohnsteuer nicht ordnungsgemäß abgeführt wurde.[63] Zu diesen Feststellungen kann die Behörde etwa im Rahmen einer Lohnsteuerprüfung (§ 86 EStG iVm § 147 BAO) oder im Rahmen einer Nachschau (§ 144 BAO) gelangen. In der Regel ist erst bei wiederholten Verstößen gegen die Abfuhrpflicht der Arbeitgeber zur Abgabe von Lohnsteueranmeldungen zu verpflichten.[64]

Sowohl die Verpflichtung des Arbeitgebers zur Abgabe von Lohnsteueranmeldungen als auch der Widerruf hat vom zuständigen Finanzamt (der Betriebsstätte) mit Bescheid zu erfolgen. Die Verpflichtung zur Abgabe von Lohnsteueranmeldungen erlischt ex lege (ohne Widerruf), wenn keine Arbeitnehmer mehr beschäftigt werden und der Arbeitgeber diesen Umstand dem Finanzamt mitteilt.[65]

2.6.2 Verspätungszuschlag

Nach § 135 BAO liegt es im Ermessen der Behörde, bei nicht entschuldbarer verspäteter Einreichung der Abgabenerklärung einen Zuschlag bis zu 10% des selbst berechneten Betrages festzusetzen. Der Gesetzessinn des Verspätungszuschlages liegt darin, dass der Abgabepflichtige zur Erfüllung der ihm gesetzlich obliegenden Pflicht zur Einreichung von Abgabenerklärungen angehalten werden soll.[66] Bei Lohnsteueranmeldungen handelt es sich um Abgabenerklärungen und dadurch kann ein Verspätungszuschlag festgesetzt werden.[67]

---

[63] LStR 2002 Rz 1202.

[64] LStR 2002 Rz 1203.

[65] *Knechtl* in *Wiesner/Grabner/Wanke*, EStG § 80 Rz 7.

[66] VwGH 29.4.1992, 88/17/0094.

[67] *Knechtl* in *Wiesner/Grabner/Wanke*, EStG § 80 Rz 11.

2.6.3 Zwangsstrafe

„Nach § 111 BAO liegt es im Ermessen der Behörde, die Befolgung ihrer Anordnungen zur Erbringung von Leistungen, die sich wegen ihrer besonderen Beschaffenheit durch einen Dritten nicht bewerkstelligen lassen, durch Verhängung einer Zwangsstrafe zu erzwingen." Die Verpflichtung des Arbeitgebers, Lohnsteueranmeldungen einzureichen, ist eine Anordnung iSd § 111 BAO.[68]

2.7 Lohnsteuerprüfung (§ 86 EStG)

Das Finanzamt der Betriebsstätte hat die Einhaltung der ordnungsgemäßen Einbehaltung und Abfuhr der Lohnsteuer zu prüfen. Die Lohnsteuerprüfung umfasst auch die Prüfung der Einhaltung aller für die Erhebung des Dienstgeberbeitrages (§ 41 FLAG) und des Zuschlages zum Dienstgeberbeitrag maßgebenden tatsächlichen und rechtlichen Verhältnisse (Lohnsteuerprüfung). Gemeinsam mit der Lohnsteuerprüfung sind die Sozialversicherungsprüfung und die Kommunalsteuerprüfung durchzuführen. Der Prüfungsauftrag ist von jenem Finanzamt zu erteilen, das die Prüfung durchführen wird. Prüft das Finanzamt, dann hat dieses auch den Prüfungsauftrag für die Sozialversicherungsprüfung und die Kommunalsteuerprüfung auszustellen.[69] Bei der Lohnsteuerprüfung handelt es sich um eine Außenprüfung iSd § 147 BAO.

Der Arbeitgeber hat dafür Sorge zu tragen, dass

- die Richtigkeit des Lohnsteuerabzugs jederzeit anhand geeigneter Unterlagen (durch Lohnkonten, Geschäftsbücher) nachprüfbar ist[70],
- die tatsächliche Nachprüfung unter Beachtung der Verpflichtung gemäß § 87 EStG ermöglicht wird.

---

[68] *Knechtl* in *Wiesner/Grabner/Wanke*, EStG § 80 Rz 12.

[69] Vgl 2. AbgÄG 2014, BGBl I 2014/105.

[70] VwGH 3.7.1970, 0975/69.

Der Arbeitnehmer hat dem Prüfungsorgan alle erforderlichen Auskünfte über seinen Lohn zu geben (§ 88 EStG); dabei kann auch geprüft werden, ob der Arbeitnehmer seine Meldepflichten erfüllt hat.[71]

2.7.1 Inhalt der Lohnsteuerprüfung

Bei der Lohnsteuerprüfung werden insbesondere überprüft

- die richtige Berechnung der Lohnsteuer;
- ob alle Bezüge und Vorteile aus der nichtselbständigen Tätigkeit erfasst worden sind;
- die richtige Ermittlung der Sachbezugswerte;
- die rechtzeitige Abfuhr der lohnabhängigen Abgaben.[72]

Die Aufrechnung von bei der Aufrollung nach § 77 Abs 3 und 4 EStG rückgezahlter Lohnsteuer mit einbehaltener Lohnsteuer hat jeweils pro Betriebsstätte (§ 81 EStG) zu erfolgen. Bei fehlerhafter (doppelter) Verrechnung rückgezahlter Lohnsteuer ist bei der Lohnsteuerprüfung auch zu untersuchen, ob die fehlerhafte Verrechnung nicht bereits ausgeglichen worden ist.[73]

2.7.2 Pauschale Nachforderung der Lohnsteuer

Im Zuge der Lohnsteuerprüfung kann sich herausstellen, dass die Lohnsteuer nicht ordnungsgemäß einbehalten bzw. abgeführt worden ist. In diesen Fällen findet eine Nachforderung der Lohnsteuer statt.[74] Nach § 86 Abs 2 EStG kann die Nachforderung mit einem Pauschbetrag erfolgen, wenn sich bei einer Lohnsteuerprüfung ergibt, dass die genaue Ermittlung der auf den einzelnen Arbeitnehmer infolge einer Nachforderung entfallenden Lohnsteuer mit unverhältnismäßigen Schwierigkeiten verbunden ist.

Unverhältnismäßige Schwierigkeiten können dann vorliegen, wenn die Aufzeichnungen beträchtliche Mängel enthalten.[75] Bei einer pauschalen Nachforderung der Lohnsteuer

---

[71] *Doralt/Knörzer* in *Doralt/Kirchmayr/Mayr/Zorn*, EStG[18] § 86 EStG Rz 3.

[72] *Doralt/Knörzer* in *Doralt/Kirchmayr/Mayr/Zorn*, EStG[18] § 86 EStG Rz 4.

[73] *Doralt/Knörzer* in *Doralt/Kirchmayr/Mayr/Zorn*, EStG[18] § 86 EStG Rz 6.

[74] *Schmidt* in *Heuermann/Wagner*, Lohnsteuer: Handbuch des gesamten Lohnsteuerrechts[8] (2003) Rz 2.

[75] *Doralt/Knörzer* in *Doralt/Kirchmayr/Mayr/Zorn*, EStG[18] § 86 EStG Rz 11.

muss jedoch die auf den einzelnen Arbeitnehmer entfallende Lohnsteuer zumindest errechenbar sein. Der Arbeitgeber muss ermitteln können, welche Arbeitnehmer welche unrichtig versteuerten Vorteile aus dem Dienstverhältnis bezogen haben.[76] Der Arbeitnehmer bleibt auch bei einer pauschal nachgeforderten Lohnsteuer Steuerschuldner. Im Ermittlungs- bzw. Rechtsmittelverfahren kann der Arbeitgeber nachweisen, dass der festgesetzte Pauschbetrag zu hoch ist und herabgesetzt werden muss.

2.7.3 Lohnsteuernachforderung beim Arbeitnehmer

A. Rückforderungsanspruch des Arbeitgebers

Wird der Arbeitgeber für eine Lohnsteuernachforderung zur Haftung herangezogen, so kann der Arbeitgeber die nachgeforderte Lohnsteuer dem Arbeitnehmer nachverrechnen, soweit dies zivilrechtlich möglich ist.[77]

B. Verzicht auf Inanspruchnahme

Verzichtet der Arbeitgeber gegenüber dem Arbeitnehmer auf die Lohnsteuernachforderung, die sich aus der Lohnsteuerprüfung ergeben hat, dann gilt dies nicht als Vorteil aus dem Dienstverhältnis. Eine nachgeforderte Lohnsteuer kann der Arbeitnehmer bei seiner Veranlagung nur dann anrechnen lassen, sofern der Arbeitnehmer die nachgeforderte Lohnsteuer dem Arbeitgeber ersetzt (§ 46 Abs 1 letzter Satz EStG).[78]

2.8 Verpflichtung der Arbeitgeber (§ 87 EStG)

Die im Jahr 1989 geltende Stammfassung des § 87 Abs 1 EStG hatte folgenden Wortlaut: „§ 87. (1) *Die Arbeitgeber und ihre Angestellten haben den Organen des Finanzamtes Einsicht in die von ihnen aufbewahrten Lohnsteuerkarten der Arbeitnehmer, in die nach*

---

[76] *Doralt/Knörzer* in *Doralt/Kirchmayr/Mayr/Zorn*, EStG[18] § 86 EStG Rz 13.

[77] *Doralt/Knörzer* in *Doralt/Kirchmayr/Mayr/Zorn*, EStG[18] § 86 EStG Rz 15.

[78] *Doralt/Knörzer* in *Doralt/Kirchmayr/Mayr/Zorn*, EStG[18] § 86 EStG Rz 16.

§ 76 EStG vorgeschriebenen Aufzeichnungen und in die Lohnaufzeichnungen der Betriebe sowie in die Geschäftsbücher und Unterlagen zu gewähren, soweit dies für die Feststellung der den Arbeitnehmern gezahlten Vergütungen aller Art und für die Lohnsteuerprüfung erforderlich ist."[79]

Im Rahmen der Lohnsteuerprüfung sind alle tatsächlichen und rechtlichen Verhältnisse zu prüfen, die für die

- ordnungsgemäße Einbehaltung und Abfuhr der Lohnsteuer,
- Erhebung des Dienstgeberbeitrags,
- Erhebung des Zuschlags zum Dienstgeberbeitrag

maßgeblich sind.

Wird die gemeinsame Prüfung lohnabhängiger Abgaben (GPLA) vom Krankenversicherungsträger (§ 23 Abs 1 ASVG) durchgeführt, ist das Prüforgan des Krankenversicherungsträgers als Organ des für die Lohnsteuerprüfung zuständigen Finanzamtes tätig (§ 41a Abs 3 ASVG).[80]

2.8.1 Einsicht in Unterlagen

Der Arbeitgeber ist lediglich verhalten, die Einsicht in seine Unterlagen (Unterlagen seines Betriebs) zu gewähren bzw. deren Prüfung zu dulden. Er ist aber ohne Beschlagnahme nicht verpflichtet, die Gewahrsame darüber aufzugeben.[81]
Die Basis für die Angaben im Lohnkonto bilden die Grundaufzeichnungen (Lohnaufzeichnungen). Dazu gehören Überstundenaufzeichnungen oder Nachweise für Arbeiten, für welche die Begünstigung für Schmutz-, Erschwernis- und Gefahrenzulagen in Anspruch genommen wurde.[82]
Sollte es für die Lohnsteuerprüfung und für die Feststellung der den Arbeitnehmern gezahlten Vergütungen aller Art erforderlich sein, sind die Arbeitgeber verpflichtet, auch in

[79] BGBl 1993/818.

[80] *Knechtl* in Wiesner/Grabner/Wanke, EStG § 87 Rz 6.

[81] VwGH 16.9.1986, 85/14/0007.

[82] *Knechtl* in *Wiesner/Grabner/Wanke*, EStG § 87 Rz 8.

Geschäftsbücher und sonstige Unterlagen Einsicht zu gewähren. Zu den Geschäftsbüchern und sonstigen Unterlagen zählen vertragliche Vereinbarungen mit Werkvertragsnehmern oder freien Dienstnehmern, da in der Lohnsteuerprüfung zu beurteilen ist, ob tatsächlich kein Dienstverhältnis iSd § 47 EStG vorliegt.[83]

2.8.2 Erläuterung und Auskunft

Der Arbeitgeber hat bei der Einsichtnahme und Prüfung der für die lohnsteuerlichen Verhältnisse maßgebenden Unterlagen mitzuwirken. Dieser hat jede Erläuterung zu geben, die zum Verständnis der Aufzeichnungen vom Prüfungsorgan verlangt wird (§ 87 Abs 2 EStG).[84] Der Arbeitgeber ist weiters verpflichtet, Auskünfte über Personen zu geben, die für den Betrieb tätig sind, dies ist eine Anordnung iSd § 111 BAO.[85]

2.9 Lohnsteuerauskunft (§ 90 EStG)

Systematisch befindet sich die Bestimmung über die Auskunftspflicht der Behörde im fünften Teil des EStG, der den „Steuerabzug vom Arbeitslohn (Lohnsteuer)" behandelt.

§ 90 EStG stellt eine Anordnung besonderer Art dar, die dem Einzelnen ein subjektiv öffentliches Recht auf Auskunft im Lohnsteuerbereich gewährt. Grund für die Auskunftspflicht der Behörde ist, dass der Arbeitgeber dem Bund für die Einbehaltung und Abfuhr der vom Arbeitslohn einzubehaltenden Lohnsteuer haftet. Die Lohnsteuerauskunft soll das Haftungsrisiko für den Arbeitgeber annehmbar machen.[86]

Das Finanzamt der Betriebsstätte hat auf Anfrage einer Partei tunlichst innerhalb von 14 Tagen darüber Auskunft zu geben, ob und inwieweit im einzelnen Fall die Vorschriften über die Lohnsteuer anzuwenden sind. Die Auskunftspflicht umfasst auch Fragen über Aufzeichnungs- und Aufbewahrungspflichten des Arbeitgebers.[87] Der Anfrage muss ein

---

[83] *Knechtl* in *Wiesner/Grabner/Wanke*, EStG § 87 Rz 9.

[84] *Knechtl* in *Wiesner/Grabner/Wanke*, EStG § 87 Rz 11.

[85] *Knechtl* in *Wiesner/Grabner/Wanke*, EStG § 87 Rz 13.

[86] Vgl *Knechtl* in *Wiesner/Grabner/Wanke*, EStG § 90 Rz 2.

[87] *Doralt* in *Doralt/Kirchmayr/Mayr/Zorn*, EStG[18] § 90 Rz 3.

konkreter Anlass zugrunde liegen. Abstrakte Fragen zum Lohnsteuerabzug fallen nicht unter § 90 EStG.[88] Die Auskunftspflicht nach § 90 EStG geht der Auskunft nach dem Auskunftspflichtgesetz vor (§ 6 APG), dadurch ist das Auskunftspflichtgesetz auf die Lohnsteuerauskunft nach § 90 EStG nicht anzuwenden.[89] Sind die Voraussetzungen für die Auskunftserteilung erfüllt, hat die Auskunft zwingend zu erfolgen. § 90 EStG bietet der Behörde keinen Ermessensspielraum. Auskünfte in Lohnsteuerfragen sollen innerhalb von 14 Tagen erteilt werden, damit für den Anfragenden möglichst rasch Klarheit besteht.[90]

Auskunftsberechtigt sind die Parteien des Lohnsteuerverfahrens. Partei im Abgabenverfahren ist der Abgabepflichtige. Abgabepflichtiger ist, wer nach den Abgabenvorschriften als Abgabenschuldner in Betracht kommt (§ 77, 78 BAO). Nach § 83 Abs 1 EStG ist der Arbeitnehmer beim Lohnsteuerabzug der Steuerschuldner. Auch der Abfuhrpflichtige (der Arbeitgeber für die Lohnsteuer) ist Abgabepflichtiger.[91] Parteien iSd § 90 EStG sind somit jedenfalls der Arbeitgeber und der Arbeitnehmer.

Der Grundsatz von Treu und Glauben schützt den Arbeitgeber auch bei unrichtigen Auskünften des Finanzamts. Zur Auskunft verpflichtet ist das Finanzamt der Betriebsstätte. § 90 EStG regelt die örtliche Zuständigkeit. Die sachliche Zuständigkeit ergibt sich aus §§ 13 und 15 AVOG.[92]

Die Anfrage ist ein Anbringen iSd § 85 BAO. Auskünfte nach § 90 EStG können nur im Einzelfall erteilt werden.[93] Der Arbeitgeber kann beim zuständigen Finanzamt schriftlich eine lohnsteuerliche Auskunft beantragen. Eine Auskunftserteilung nach § 90 EStG kann auch mündlich erfolgen, jedoch nicht telefonisch.[94] Ein mit einem E-Mail eingebrachtes Anbringen löst weder eine Entscheidungspflicht der Behörde aus, noch berechtigt es die

---

[88] Vgl *Ritz*, ÖStZ 1999, 319.

[89] *Doralt* in *Doralt/Kirchmayr/Mayr/Zorn*, EStG[18] § 90 Rz 4.

[90] *Knechtl* in *Wiesner/Grabner/Wanke*, EStG § 90 Rz 11.

[91] *Ritz*, BAO[6], § 77 Rz 4; *Ellinger/Iro/Kramer/Sutter/Urtz*, BAO[3] § 77 Anm 4.

[92] *Knechtl* in *Wiesner/Grabner/Wanke*, EStG § 90 Rz 8.

[93] *Knechtl* in *Wiesner/Grabner/Wanke*, EStG § 90 Rz 13.

[94] Vgl *Ritz*, ÖStZ 1999, 319.

Behörde, eine bescheidmäßige Entscheidung zu fällen, die von einem Anbringen (Eingabe) abhängig ist. Die Behörde ist nicht einmal befugt, die Zurückweisung auszusprechen, weil es sich bei einem E-Mail eben nicht um ein Anbringen (Eingabe) handelt.[95]

Die Anfrage nach § 90 EStG unterliegt nicht der Eingabengebühr.[96] Die Auskunft nach § 90 EStG ist kein Bescheid, daher kann die Auskunft nicht mit einem Rechtsmittel bekämpft werden.[97] Die Auskunft kann auch jederzeit wieder geändert oder zurückgenommen werden.[98] *„Die Erteilung der Auskunft liegt nicht im Ermessen der Behörde, sondern hat zwingend zu erfolgen. Wird die Auskunft nicht erteilt, muss ein negativer Bescheid ergehen."*[99] Wird dem Auskunftsersuchen nicht innerhalb der 6-monatigen Frist entsprochen, kann gem § 284 BAO eine Säumnisbeschwerde beim Verwaltungsgericht erhoben werden.

Das Vertrauen auf Rechtsauskünfte nach § 90 EStG setzt eine

- nicht offensichtlich unrichtige Auskunft des zuständigen Finanzamtes voraus[100], aufgrund derer gehandelt wird, und bei Wissen der Unrichtigkeit anders gehandelt worden wäre, und
- der Empfänger der Auskunft hat sein steuerliches Verhalten (z.B. Unterlassung des Lohnsteuerabzugs) auf der Grundlage der ihm erteilten Auskunft eingerichtet.[101]

„Es besteht kein Vertrauensschutz, wenn Auskünfte, die im Widerspruch zur ständigen Judikatur des VwGH stehen, lediglich telefonisch erteilt wurden, weil eine telefonische Auskunftserteilung die Möglichkeit von Irrtümern und ungenauen Erklärungen in sich birgt."[102] Auskünfte entfalten keine Rechtsverbindlichkeit, können im lohnsteuerlichen Abgabeverfahren aber einen gutgläubigen Auskunftsberechtigten schützen. Dies ist aber

[95] VwGH 27.9.2012, 2012/16/0082.

[96] *Doralt* in *Doralt/Kirchmayr/Mayr/Zorn*, EStG[18] § 90 Rz 6.

[97] VwGH 14.10.1992, 90/13/0009; VwGH 24.5.1993, 92/15/0037.

[98] VwGH 14.12.2000, 95/15/0028.

[99] *Ritz*, ÖStZ 1999, 319.

[100] VwGH 22.9.1999, 94/15/0104; VwGH 16.9.2003, 99/14/0228.

[101] VwGH 16.9.2003, 99/14/0228; VwGH 26.5.2004, 2000/14/0090.

[102] VwGH 18. 10. 2005, 2003/16/0486.

mit Vorsicht zu genießen, da es im Ermessen der Behörde liegt, ob und inwiefern das Vertrauen schutzwürdig erscheint.

Beispiel:

„Gem § 90 EStG wird dem AG die Auskunft erteilt, dass die Erhöhung einer Schmutzzulage im Zuge der Angleichung der Zulage auf ein gestiegenes Gehaltsniveau angemessen ist. In der Anfrage wird die betragsmäßige Höhe der Zulage angeführt. Die Frage der Angemessenheit der Zulage hinsichtlich der zugrunde liegenden Tätigkeit oder hinsichtlich der Höhe in einem vergleichbaren Kollektivvertrag wurde weder in der Anfrage noch in der Auskunft behandelt. Dennoch wird dieser Umstand bei einer Außenprüfung aufgegriffen und der nicht angemessene Teil der Zulage nachversteuert. Dieses Vorgehen widerspricht dem Grundsatz von Treu und Glauben.“[103]

2.10 Haftung des Arbeitgebers (§ 82 EStG)

§ 82 EStG knüpft an die Vorschriften zur Einbehaltung und Abfuhr der Lohnsteuer an und soll sicherstellen, dass der Lohnsteuerabzug korrekt vorgenommen wird. Die Haftung wird mittels Haftungsbescheid geltend gemacht, dies kommt jedoch nur dann zur Anwendung, wenn die Selbstberechnung und Abfuhr der Lohnsteuer durch den Arbeitgeber nicht korrekt vorgenommen wird.[104] Nach § 82 EStG haftet der Arbeitgeber dem Bund für die Einbehaltung und Abfuhr der vom Arbeitslohn einzubehaltenden Lohnsteuer. Sollte der Arbeitgeber zu wenig Lohnsteuer einbehalten und abgeführt haben, muss der Arbeitgeber damit rechnen, dass er vom Finanzamt zur Zahlung der zu wenig entrichteten Lohnsteuer aufgefordert wird. Zu wenig Lohnsteuer wird z.B. dann einbehalten und abgeführt, wenn der Arbeitgeber die Lohnsteuer nicht richtig berechnet oder er einen steuerpflichtigen Betrag steuerfrei behandelt.[105]

Haftung setzt die Schuld eines anderen voraus. Dabei handelt es sich um das Einstehen müssen für eine fremde Abgabenschuld. Der Arbeitgeber zahlt mit der Abfuhr der

---

[103] UFS Graz 3. 2. 2010, RV/0012-G/07.

[104] Vgl *Knechtl* in *Wiesner/Grabner/Wanke*, EStG § 82 Rz 2.

[105] Vgl *Sailer/Bernold/Mertens/Kranzl*, Lohnsteuer § 82, 739.

einbehaltenen Lohnsteuer eine fremde Schuld, für die er nach § 82 EStG persönlich haftet.[106] Die Abgabe wird dem Haftenden gegenüber nicht festgesetzt, sondern er wird lediglich zur Zahlung einer bereits fälligen Abgabenschuld mit einem Haftungsbescheid herangezogen.[107] Der Haftungsbescheid wirkt hierbei insoweit konstitutiv, dass der Haftende erst durch die Erlassung eines Haftungsbescheids zum Gesamtschuldner wird.[108]

2.10.1 Umfang der Haftung

Die Haftung des Arbeitgebers erstreckt sich auf sämtliche durch Lohnsteuerabzug zu erhebenden Beträge, also sowohl auf die Lohnsteuer von laufenden Bezügen, als auch auf die Lohnsteuer von sonstigen Bezügen. Die Haftung betrifft aber nicht jene Lohnzahlungen, die nicht auf Veranlassung des Arbeitgebers, sondern von dritter Seite geleistet werden.[109]

„Eine Haftung des Arbeitgebers besteht nur insoweit, als die Lohnsteuer nach Maßgabe der Verhältnisse, wie sie dem Arbeitgeber beim Steuerabzug erkennbar waren, unrichtig berechnet wurde. Hat daher der Arbeitgeber die Lohnsteuer unter Berücksichtigung von Freibetragsbescheiden bzw. Erklärungen des Arbeitnehmers über die Berücksichtigung des Alleinverdiener (Alleinerzieher)absetzbetrages oder eines Pendlerpauschales richtig berechnet und einbehalten, führt eine nachträgliche Berichtigung nicht zur Annahme einer unrichtigen Einbehaltung und Abfuhr der Lohnsteuer."[110]

Ist die Berechnung der Lohnsteuer nicht richtig, so ist die Haftung des Arbeitgebers auch dann gegeben, wenn ihn an der nicht richtigen Einbehaltung und Abfuhr der Lohnsteuer kein Verschulden trifft.[111] Weder Zahlungsschwierigkeiten noch die Erklärung eines Arbeitnehmers, er würde die vom Arbeitgeber erhaltenen Bezüge zur Einkommensteuer

---

106 OGH 26.4.2011, 8 ObA 21/11p.

107 *Knechtl* in *Wiesner/Grabner/Wanke*, EStG § 82 Rz 8.

108 VwGH 20.4.1989, 89/16/0009.

109 Vgl VwGH 28.5.1998, 96/15/0215.

110 LStR 2002 Rz 1209; Vgl E 21.12.1956, 359/55, 1957, 26; E 12.7.1962, 1592/59, 1963, 16.

111 VfGH 26.2.1988, B 597/87.

erklären, befreien den Arbeitgeber von der Einbehaltung und Abfuhr der Lohnsteuer.[112] *„Reichen die zur Verfügung stehenden Mittel nicht auch für die vollständige Entrichtung der darauf entfallenden Lohnsteuer aus, darf gemäß § 78 Abs 3 und 4 EStG nur ein Betrag zur Auszahlung gelangen, der die Abfuhr der Lohnsteuer erlaubt."*[113]

Sind die vom Arbeitnehmer entrichteten Einkommensteuervorauszahlungen für nicht einbehaltene Lohnsteuer geringer als jene Steuer, die sich nach den Bestimmungen für den Steuerabzug vom Arbeitslohn beim Arbeitgeber ergibt, ist der Mehrbetrag dem Arbeitgeber im Haftungsweg vorzuschreiben.[114] Eine Lohnsteuerstundung kann nur der abfuhrpflichtige Arbeitgeber erwirken und nicht der Arbeitnehmer selbst.[115]

2.10.2 Entfall der Haftung

Die Haftung des Arbeitgebers erstreckt sich nicht auf jene Lohnzahlungen, die nicht auf Veranlassung des Arbeitgebers, sondern von dritter Seite geleistet werden (§ 78 Abs 1 EStG). Dies gilt auch dann, wenn der Arbeitgeber von den Zahlungen des Dritten Kenntnis erlangt und diese befürwortet.[116] Eine Inanspruchnahme des Arbeitgebers scheidet aus, wenn der Arbeitnehmer zur Einkommensteuer veranlagt und der fehlerhafte Lohnsteuerabzug bereits im Veranlagungsverfahren des Arbeitnehmers korrigiert wurde.[117] Die Behauptung des Arbeitgebers, dass die Steuerschuld bereits durch Zahlung des Arbeitnehmers erloschen sei, genügt jedoch nicht. Der Arbeitgeber muss eine solche Behauptung beweisen oder der Abgabenbehörde die erforderlichen Daten bekannt geben, sodass die Abgabenbehörde eine solche Behauptung ohne jeden zusätzlichen Aufwand überprüfen kann.[118]

---

[112] VwGH 24.9.1954, 0137/52; VwGH 17.12.1957, 3094/55.

[113] E 28.2.1995, 91/14/0255, 1995, 603; LStR 2002 Rz 1210.

[114] *Knechtl* in *Wiesner/Grabner/Wanke*, EStG § 82 Rz 12.

[115] *Ritz*, BAO^6, § 212 Tz 6; *Stoll*, BAO Rz 2245.

[116] VwGH 28.5.1998, 96/15/0215.

[117] Vgl *Knechtl* in *Wiesner/Grabner/Wanke*, EStG § 82 Rz 16.

[118] Vgl VwGH 10.4.1985, 84/13/0004.

Aus dem Normengefüge über die Einbehaltung und Abfuhr der Lohnsteuer ergibt sich, dass es jedenfalls einer inländischen Betriebsstätte iSd § 81 EStG bedarf. Es besteht keine Verpflichtung zur Einbehaltung und Abfuhr der Lohnsteuer, wenn der Arbeitgeber im Inland keine Betriebsstätte hat oder eine inländische Einrichtung des ausländischen Arbeitgebers nicht der Ausübung der durch die Arbeitnehmer ausgeführten Tätigkeiten dient. So kann der ausländische Arbeitgeber auch nicht gem § 82 EStG zur Haftung herangezogen werden.[119]

Ein Lohnsteuerabzug ist daher nicht durchzuführen,

- wenn der Arbeitgeber im Inland keine Betriebsstätte im Sinn des § 81 EStG hat,
- wenn der Arbeitgeber zum Lohnsteuerabzug nicht verpflichtet werden kann (z.B. diplomatische Vertretungen),
- bei Bezügen von dritter Seite,
- wenn der Arbeitnehmer nach § 83 EStG direkt in Anspruch zu nehmen ist. Die Haftung entfällt, wenn dem Arbeitnehmer Einkommensteuer vorgeschrieben und diese bereits entrichtet wurde.[120]

2.10.3 Regress auf den Arbeitnehmer

§ 1358 ABGB normiert: *„Wer eine fremde Schuld bezahlt, für die er persönlich oder mit bestimmten Vermögensstücken haftet, tritt in die Rechte des Gläubigers und ist befugt, von dem Schuldner den Ersatz der bezahlten Schuld zu fordern. Zu diesem Ende ist der befriedigte Gläubiger verbunden, dem Zahler alle vorhandenen Rechtsbehelfe und Sicherungsmittel auszuliefern“.*[121]

§ 1358 ABGB gilt auch für Arbeitgeber, die vom Finanzamt wegen zu wenig abgezogener Lohnsteuer in Anspruch genommen werden. Die Anwendung des § 1358 ABGB beruht darauf, dass der Arbeitnehmer beim Lohnsteuerabzug Steuerschuldner (§ 83 Abs 1 EStG) ist, der Arbeitgeber aber dem Bund für die Einbehaltung und Abfuhr der Lohnsteuer haftet

---

[119] *Knechtl* in *Wiesner/Grabner/Wanke*, EStG § 82 Rz 17.

[120] *Doralt* in *Doralt/Kirchmayr/Mayr/Zorn*, EStG[18] § 82 Rz 14.

[121] Vgl *Gamerith* in *Rummel*, ABGB[3] § 1358 ABGB Rz 3.

(§ 82 EStG) und daher eine fremde Schuld zahlt.[122] Voraussetzung des Eintritts in die Gläubigerrechte ist jedoch die Zahlung der fremden Schuld.

Wird der Arbeitgeber vom Finanzamt zur Haftung herangezogen, tritt der Arbeitgeber nach § 1358 ABGB analog mit der Entrichtung des aushaftenden Betrages insoweit in die Rechte des Gläubigers ein und ist befugt, vom Arbeitnehmer den Ersatz der bezahlten Schuld zu fordern.[123] Der Arbeitnehmer hat nämlich auch in jenen Fällen, in denen der Arbeitgeber vom Finanzamt zur Haftung herangezogen wird, die Lohnsteuer wirtschaftlich zu tragen.[124] Der gutgläubige Verbrauch der zu wenig abgezogenen Lohnsteuer steht dem Ersatzanspruch nicht entgegen.[125]

Der Regressanspruch entsteht im Zeitpunkt der tatsächlichen Bezahlung durch den Arbeitgeber, d.h. erst zu diesem Zeitpunkt werden allfällige Fristen für die Geltendmachung des Regressanspruches in Gang gesetzt.[126] Der Übergang des Anspruchs ändert aber nichts an der bisherigen Verjährungsfrist, sodass keine neue Frist zu laufen beginnt. Die Durchsetzung des Regressanspruches hat im ordentlichen Rechtsweg zu erfolgen.[127] Liegt jedoch eine Nettovereinbarung vor, so trifft das Risiko einer Lohnsteuernachzahlung nur den Arbeitgeber.[128]

2.11 Haftungsbescheid (§ 224 BAO)

Nach § 224 Abs 1 BAO werden die in Abgabenvorschriften geregelten persönlichen Haftungen durch Erlassung von Haftungsbescheiden geltend gemacht. In diesen ist der Arbeitgeber als Haftungspflichtiger unter Hinweis auf die gesetzliche Vorschrift, die seine

---

[122] Vgl *Gamerith* in *Rummel,* ABGB³ § 1358 ABGB Rz 3.

[123] VfGH 2.10.1996, A 7/96, 1997, 482; OGH 17.6.1987, 14 Ob A 80/87.

[124] *Pühringer*, Besteuerung 329.

[125] *Doralt* in *Doralt/Kirchmayr/Mayr/Zorn*, EStG¹⁸ § 82 Rz 12.

[126] OGH 17.6.1987, 14 Ob A 80/87.

[127] OGH 1.7.1987, 14 Ob A 86/87.

[128] *Müller*, Lohnsteuer 300.

Haftungspflicht begründet, aufzufordern, die Abgabenschuld, für die der Arbeitgeber haftet, binnen einer Frist von einem Monat zu entrichten.
Haftungsbescheide (§ 224 BAO) machen persönliche Haftung geltend. Eine solche Haftung besteht etwa nach § 9 BAO (Vertreterhaftung) oder nach § 82 EStG 1988 (Haftung des Arbeitgebers für die Einbehaltung und Abfuhr der Lohnsteuer).[129]

Derartige Abgabenvorschriften sind insbesondere:

- § 79 EStG 1988 (Lohnsteuer),
- § 95 EStG 1988 (Kapitalertragssteuer),
- § 99 EStG 1988 (Steuerabzug bei beschränkter Steuerpflicht),
- § 27 Abs 4 UStG 1994 (Abfuhrpflicht des Leistungsempfängers bezüglich Umsatzsteuer ausländischer Unternehmer)[130]

Die Erlassung von Haftungsbescheiden liegt stets im Ermessen[131] der Abgabenbehörde. Nach § 20 BAO sind Ermessensentscheidungen nach Billigkeit und Zweckmäßigkeit unter Berücksichtigung aller in Betracht kommenden Umstände zu treffen. Dies gilt auch für die Inanspruchnahme von Abfuhrpflichtigen.[132] Die Geltendmachung abgabenrechtlicher Haftungen setzt voraus, dass eine Abgabenschuld entstanden und noch nicht durch Entrichtung erloschen ist. Gemäß § 202 Abs 1 BAO gilt § 201 BAO sinngemäß, wenn nach den Abgabenvorschriften die Selbstberechnung einer Abgabe (z.B. Lohnsteuer) einem abgabenrechtlich Haftungspflichtigen obliegt. Hierbei sind Nachforderungen mittels Haftungsbescheides (§ 224 Abs 1 BAO) geltend zu machen. Die sinngemäße Anwendbarkeit des § 201 BAO ermöglicht der Abgabenbehörde, die Nachforderung mit Haftungsbescheid geltend zu machen, wenn sich die Selbstberechnung durch den Abfuhrpflichtigen als zu niedrig erweist oder wenn kein selbstberechneter Betrag bekannt gegeben wird (vgl § 201 Abs 2 Z 3 BAO). Hier ist die Einhebungsverjährungsfrist die maßgebende zeitliche Grenze für die Haftungsinanspruchnahme. Ebenso kann die Nachforderung mit Haftungsbescheid geltend gemacht werden, wenn bei sinngemäßer

---

129 http://www.steuerrecht.jku.at/steuerrecht/de/elemente_site/lehre/2008/Ritz%20Unterlage%20II.pdf (Stand: 11.5.2018).

130 BMF 9.10.2009, BMF-010103/0138-VI/2009.

131 Vgl VwGH 24. 2. 1997, 96/17/0066.

132 *Ritz*, BAO[6] § 224 Rz 11.

Anwendung des § 303 BAO die Voraussetzungen für eine Wiederaufnahme des Verfahrens vorliegen würden. Die Haftungsinanspruchnahme ist innerhalb der Einhebungsverjährungsfrist zulässig.[133] Die Erlassung eines Haftungsbescheides ist eine Einhebungsmaßnahme und ist daher nur vor Eintritt der Einhebungsverjährung zulässig (§ 238 BAO).[134] Nach § 238 BAO tritt die Verjährung nach 5 Jahren ab Ablauf des Kalenderjahres, in welchem die Abgabe fällig geworden ist, keinesfalls aber früher als das Recht der Festsetzung der Abgabe, ein.

Spruch des Haftungsbescheides ist die Geltendmachung der Haftung für einen bestimmten Betrag einer bestimmten Abgabe.[135] Daher ist nicht nur die Art der Abgabe, sondern auch der betroffene Zeitraum (z.B. Monat) anzugeben. Nach § 224 Abs 1 BAO hat der Haftungsbescheid einen Hinweis auf die gesetzliche Vorschrift, die die Haftungspflicht begründet, zu enthalten.[136]

Nach der ständigen Rechtsprechung des VwGH erlangen Bescheide (hier: Haftungsbescheid), die nach Eröffnung eines Insolvenzverfahrens und vor dessen Beendigung an den Gemeinschuldner und nicht an den Insolvenzverwalter gerichtet sind, keine Wirksamkeit (§ 93 Abs 2 BAO).[137]

Ein Lohnsteuerhaftungsbescheid (§ 82 EStG 1988) ist ein Sammelbescheid, wenn er sich auf mehrere Arbeitnehmer und Monate bezieht.[138] Wird z.B. durch eine LSt-Prüfung festgestellt, dass bei einigen Arbeitnehmern zu wenig, bei anderen zu viel an Lohnsteuer einbehalten wurde, so kommt, soweit die Voraussetzungen des § 202 Abs 2 BAO vorliegen, eine Saldierung dieser Beträge nicht in Betracht, sondern es ist mittels Haftungsbescheides vom Arbeitgeber die Summe der zu wenig einbehaltenen Lohnsteuer

---

[133] Vgl *Ritz*, BAO[6] § 202 Rz 5.

[134] Vgl VwGH 30. 3. 1998, 97/16/0501.

[135] VwGH 19.12.2002, 2001/15/0029VwGH 2001/15/0029 - Erkenntnis (Volltext) VwGH 2001/15/0029 - Erkenntnis (RS 2) VwGH 2001/15/0029 - Erkenntnis (RS 1) .

[136] BMF 9.10.2009, BMF-010103/0138-VI/2009.

[137] VwGH 19.10.2017, Ra 2016/16/0112.

[138] *Ritz*, BAO[6] § 202 Rz 6.

nachzufordern, wogegen die Arbeitnehmer, bei denen zu viel an Lohnsteuer einbehalten worden ist, auf die Möglichkeit von Rückzahlungsanträgen gem § 240 Abs 3 BAO hinzuweisen sind.[139]

Wenn ein Haftungspflichtiger einen zu hohen Betrag an die Abgabenbehörde abgeführt hat, und eine Rückzahlung gem § 240 Abs 3 BAO an denjenigen, von dem die Abgabe einbehalten wurde, nicht in Betracht kommt, dann ist der überhöhte Abgabenbetrag unter Bezugnahme auf § 202 Abs 1 BAO mittels eines abgabenrechtlichen Bescheides sui generis - der weder Abgaben- noch Haftungsbescheid ist und daher weder der Festsetzungsverjährung (§§ 207 ff BAO) noch der Einhebungsverjährung (§ 238 BAO) unterliegt - gutzuschreiben. Dies liegt vor, wenn zwar richtig einbehalten, aber irrtümlich zu viel abgeführt worden ist.[140] Hierbei handelt es sich um einen Gutschriftsbescheid.

2.11.1 Beschwerde gegen den Haftungsbescheid

Zur Einbringung einer Beschwerde ist gem § 246 Abs 1 BAO jeder befugt, dem der Bescheid wirksam bekannt gegeben wurde und für den er auch inhaltlich bestimmt war.[141] Dies ist im Fall der Lohnsteuer der Arbeitgeber. Im Rechtsmittelverfahren kann nur der Arbeitgeber Einwendungen erheben, die gegen den Steueranspruch sprechen. Bei Gesamtschuldverhältnissen ist nur der in Anspruch genommene Gesamtschuldner zur Einbringung einer Beschwerde berechtigt.[142] Wurde der Gesamtschuldner noch nicht herangezogen, ist er nicht beschwerdebefugt, sondern allenfalls nach § 257 BAO beitrittsberechtigt.[143] Wird eine Beschwerde von einem hierzu nicht Legitimierten eingebracht, so ist sie gem § 260 Abs 1 lit a BAO zurückzuweisen.[144] Zuständig sind

---

139 *Ellinger/Iro/Kramer/Sutter/Urtz*, BAO³ § 202 Rz 10.

140 *Ellinger/Iro/Kramer/Sutter/Urtz*, BAO³ § 202 Rz 11.

141 VwGH 7.3.1991, 90/16/0043.

142 *Knechtl* in *Wiesner/Grabner/Wanke*, EStG § 82 Rz 24.

143 UFS Linz 12. 4. 2007, RV/0343-L/07.

144 VwGH 12.11.1987, 85/16/0113, 0114.

hierbei die Abgabenbehörde (mit Beschwerdevorentscheidung) bzw. das Verwaltungsgericht (mit Beschluss).[145]

Nach § 248 BAO kann der, der nach Abgabenvorschriften haftungspflichtig ist, somit auch der Arbeitgeber, unbeschadet eine Bescheidbeschwerde gegen seine Heranziehung zur Haftung (Haftungsbescheid) innerhalb der für die Einbringung der Bescheidbeschwerde gegen den Haftungsbescheid offenstehenden Frist einbringen. Die Beschwerde ist gemäß § 245 Abs 1 BAO innerhalb eines Monats ab Zustellung des Bescheides beim Verwaltungsgericht einzubringen. Durch Einbringung einer Bescheidbeschwerde wird die Wirksamkeit des angefochtenen Bescheides nicht gehemmt, insbesondere die Einhebung und zwangsweise Einbringung einer Abgabe nicht aufgehalten. Sollte der Arbeitgeber die Haftungsschuld bereits begleichen haben, so führt dies nicht zum Erlöschen der Haftung und der Haftungsbescheid kann weiterhin angefochten werden.[146]

2.12 Abrechnungsbescheid

Der Abrechnungsbescheid ist in seinem Wesen und möglichem Inhalt nach ein Feststellungsbescheid.[147] Der Abrechnungsbescheid ist im § 216 BAO geregelt. Der Abrechnungsbescheid stellt eine Entscheidung im Einhebungsverfahren dar. Dieser hat nicht nur die Aussage zu enthalten, dass eine bestimmte Zahlungsverpflichtung erloschen ist, sondern zusätzlich Klarheit zu schaffen, durch welche Verrechnungsvorgänge bzw. Tilgungstatbestände dies bewirkt wurde.[148] Durch den antragsabhängigen Abrechnungsbescheid wird über die Richtigkeit der Verbuchung der Gebarung (§ 213 BAO) sowie ob und inwieweit eine bestimmte Zahlungsverpflichtung durch die Erfüllung eines bestimmten Tilgungstatbestandes erloschen ist entschieden.[149] Abrechnungsbescheide sind nicht auf die Durchsetzung von Zahlungsansprüchen gerichtet und daher unterbrechen

---

[145] *Ritz*, BAO[6] § 246 Rz 7.

[146] VwGH 17.12.1996, 94/14/0148.

[147] VwGH 20.7.1999, 99/13/0071; 13.12.2007, 2006/14/0061.

[148] *Ritz*, BAO[6] § 216 Rz 9.

[149] VwGH 27.1.2000, 97/15/0191; VwGH 16.9.2003, 2000/14/0162.

sie auch nicht die Einhebungsverjährung.[150] *„Durch Erlassung eines Abrechnungsbescheides sind nach VwGH 20.4.1995, 92/13/0115, auch Unklarheiten für die Partei, durch welche Buchungen ein Rückstand zustande gekommen ist, zu beseitigen."*[151]

Der Abrechnungsbescheid dient der Klärung umstrittener abgabenbehördlicher Gebarungsakte bezüglich der Verrechnung von Zahlungen und sonstigen Gutschriften.[152] Ist der Abgabenpflichtige der Meinung, dass die Durchführung der Abgabenverrechnung unzutreffend ist, so kann er seine Auffassung durch einen Antrag auf Erlassung eines Abrechnungsbescheides (§ 216 BAO) durchsetzen.[153] Der Antrag ist nur innerhalb von fünf Jahren nach Ablauf des Jahres, in dem die betreffende Verbuchung erfolgt ist, zulässig. Im Abrechnungsbescheidverfahren ist nicht die Rechtmäßigkeit der Abgabenfestsetzung zu prüfen,[154] auch die Rechtmäßigkeit von Haftungsbescheiden ist nicht zu prüfen.[155] *„Im Abrechnungsverfahren trifft die Partei die Behauptungslast und die Konkretisierungspflicht hinsichtlich der Fragen der strittigen Verrechnungsvorgänge und Gebarungskomponenten."*[156]

2.12.1 Anwendungsbereich

Ein Abrechnungsbescheid kommt beispielsweise in Betracht bei Meinungsverschiedenheiten

- darüber, welche Gutschriften die Behörde hätte durchführen müssen[157],
- *„darüber, ob die aus einem Abgabenbescheid resultierende Verbuchung deshalb rechtswidrig war, weil der Abgabenbescheid (zB im Rechtsmittelweg) wieder*

---

150 *Ritz*, BAO[6] § 216 Rz 12.

151 *Ritz*, BAO[6] § 216 Rz 3.

152 VfGH 18.12.1980, B404/79; VwGH 30.4.2003, 2002/16/0245.

153 VwGH 24.4.2002, 99/16/0082.

154 VwGH 13.12.2007, 2006/14/0061; 17.12.2009, 2009/16/0196; 17.11.2010, 2007/13/0124; 30.3.2017, Ra 2016/16/0032.

155 VwGH 20.7.1999, 99/13/0071.

156 *Ritz*, BAO[6] § 216 Rz 4.

157 VwGH 15.4.1997, 96/14/0061; 21.5.2001, 2001/17/0043; 1.3.2007, 2005/15/0137.

aufgehoben und keine Gutschrift verbucht wurde (vgl VwGH 28.6.2016, 2013/17/0873),"

- ob die Verbuchung einer mit Abgabenbescheid festgesetzten Abgabenschuld auf dem (richtigen) Abgabenkonto des Abgabenschuldners erfolgt ist[158],
- *„über den Bestand oder das Erlöschen von Zahlungsverpflichtungen (VwGH 31.3.1992, 91/14/0210; 23.1.1996, 93/14/0089-0093),"*
- über die Verrechnung einer Gutschrift[159],
- *„über die Rechtmäßigkeit einer Überrechnung nach § 215 Abs 3 (VwGH 19.12.1986, 86/15/0058; 30.3.2017, Ra 2016/16/0032) oder einer Umbuchung nach § 215 Abs 1 (VwGH 13.12.2007, 2006/14/0061; 30.3.2017, Ra 2016/16/0032)",*
- *"über die Frage der Zulässigkeit der Abbuchung eines Abgabenguthabens zur gerichtlichen Hinterlegung (VwGH 5.9.2012, 2009/15/0095),"*
- ob ein Leistungsgebot zugestellt wurde (nur dann ist eine Buchung auf dem Abgabenkonto rechtmäßig),[160]
- ob ein Abgabenzahlungsanspruch bereits verjährt ist.[161]

Nach dem VwGH 20.4.1995, 92/13/0115 sind durch Erlassung eines Abrechnungsbescheides Unklarheiten für die Partei, durch welche Buchungen ein Rückstand zustande gekommen ist, zu beseitigen.[162]

2.12.2 Antrag

Mit Bescheid (Abrechnungsbescheid) ist über die Richtigkeit der Verbuchung der Gebarung sowie darüber, ob und inwieweit eine Zahlungsverpflichtung durch Erfüllung eines bestimmten Tilgungstatbestandes erloschen ist, auf Antrag des Abgabepflichtigen zu entscheiden. Ein Antrag gem § 216 BAO unterliegt gem § 85a BAO der

158 VwGH 30.3.2017, Ra 2016/16/0032.

159 *Ritz*, BAO[6] § 216 Rz 2.

160 VwGH 4.2.2009, 2008/15/0266.

161 *Ritz*, BAO[6] § 216 Rz 2.

162 *Ritz*, BAO[6] § 216 Rz 3.

Entscheidungspflicht. Die Verletzung der Entscheidungspflicht kann mit Säumnisbeschwerde (§ 284 BAO) geltend gemacht werden. Der Antrag ist ein Anbringen zur Geltendmachung von Rechten iSd § 85 Abs 1 EStG. Ein Antrag ist im Allgemeinen schriftlich einzubringen und zurücknehmbar.[163] Antragsberechtigt ist der Abgabepflichtige (§ 77 EStG) sowie auch der Haftungspflichtige.[164] Im Lohnsteuerverfahren sind der Arbeitgeber sowie der Arbeitnehmer zur Antragstellung berechtigt. Der Antragsteller hat die Pflicht, die Meinungsverschiedenheiten über Tilgungsbestände zu konkretisieren.[165] Die zeitliche Grenze für den Antrag auf Abrechnungsbescheid stellt die Frist von fünf Jahren nach Ablauf des Jahres der betreffenden Verbuchung oder Nichtbuchung dar. *„Für den Fristbeginn kommt es nicht darauf an, für welchen Zeitpunkt die Buchung wirksam geworden ist bzw. wirksam hätte werden sollen. Daher ist bei rückwirkenden Buchungen der Zeitpunkt der tatsächlichen Vornahme der Verbuchung maßgebend.“*[166]

Die Antragsfrist des § 216 zweiter Satz BAO ist eine gesetzliche Frist. Daher ist sie dem § 110 Abs 1 BAO zufolge nicht verlängerbar. Bei nicht grob verschuldeter Fristversäumung kommt eine Wiedereinsetzung in den vorigen Stand (§ 308 BAO) in Betracht.[167]

2.12.3 Verfahren

Antragsberechtigter Abgabepflichtiger ist nur jene Person, deren Steuerguthaben durch die unrichtige Buchung des Finanzamtes betroffen wurde, nicht aber jene Person, zu deren Gunsten diese Buchung erfolgt ist.[168] In Haftungsbescheiden ist gemäß § 224 Abs 1 BAO auf die maßgebende Haftungsvorschrift hinzuweisen. Aus einem solchen Hinweis ergibt sich in Bezug auf den Haftungstatbestand auch die Festlegung der „Sache“ des Verfahrens. Zur Festlegung der Sache bedarf es allerdings nicht zwingend der Anführung einer

---

[163] Vgl *Ritz*, BAO[6] § 216 Rz 5.

[164] Vgl *Ritz*, BAO[6] § 216 Rz 6.

[165] VwGH 21.3.1995, 95/14/0008; VwGH 5.7.1999, 99/16/0115.

[166] *Ritz*, BAO[6] § 216 Rz 7.

[167] *Ritz*, BAO[6] § 216 Rz 7.

[168] VwGH 18.2.1964, 0526/63.

Gesetzesstelle. Es ist ausreichend, wenn nach dem Gesamtbild der Umstände des Einzelfalls kein Zweifel darüber besteht, welche Haftungsbestimmung zur Anwendung gebracht worden ist. Erschließt sich die konkrete Haftungsnorm bloß auf diese Weise, ist ein solcher Mangel im Rechtsmittelverfahren durch die exakte Benennung der Gesetzesstelle zu sanieren (§ 224 Abs 1 BAO).[169]

Im Verfahren über einen Antrag auf Abrechnungsbescheid darf nicht mehr die Rechtmäßigkeit einer Abgabenfestsetzung geprüft werden. Das Abrechnungsbescheidverfahren hat sich damit zu befassen, ob die Anlastungen der Abgabenfestsetzung und die entsprechenden Gutschriften in der kassenmäßigen Gebarung ihren richtigen Ausdruck gefunden haben.[170] Das Verfahren über einen Antrag auf Abrechnungsbescheid hat sich nur damit zu befassen, ob die Anlastungen der Abgabenfestsetzung und die entsprechenden Gutschriften in der kassenmäßigen Gebarung ihren richtigen Ausdruck gefunden haben.[171]

2.13 Zinsen

2.13.1 Anspruchszinsen (§ 205 BAO)

Anspruchszinsen (Nachforderungszinsen, Gutschriftszinsen) gelten für Differenzbeträge an Einkommenssteuer und Körperschaftsteuer, und zwar nur im Verhältnis zum Eigenschuldner. Die Anspruchszinsen sollen Zinsvorteile bzw. Zinsnachteile ausgleichen, die sich aus unterschiedlichen Zeitpunkten der Abgabenfestsetzung ergeben.[172] Die Festsetzung der Anspruchszinsen liegt nicht im Ermessen der Abgabenbehörde.[173] Anspruchszinsen sind mit Abgabenbescheid (§ 198 BAO) festzusetzen. Jede Nachforderung bzw. Gutschrift löst (gegebenenfalls) einen Anspruchszinsenbescheid

---

169 SWK 28/2016, 1228; VwGH 21. 4. 2016, 2013/15/0290.

170 *Ellinger/Iro/Kramer/Sutter/Urtz,* BAO[3] § 216 Rz 12.

171 *Ellinger/Iro/Kramer/Sutter/Urtz,* BAO[3] § 216 Rz 14.

172 *Ritz,* BAO[6] § 205 Rz 2.

173 *Ritz,* BAO[6] § 205 Rz 4.

aus.[174] Die Anspruchszinsen betragen pro Jahr 2 % über dem Basiszinssatz (§ 205 Abs 2 erster Satz BAO). Dies gilt sowohl für die Nachforderungszinsen als auch für die Gutschriftszinsen.[175] Die Fälligkeit der Anspruchszinsen richtet sich nach § 210 Abs 1 BAO (Monatsfrist ab Zustellung des Zinsenbescheides).[176]

Nach § 205 Abs 2 letzter Satz BAO sind Anspruchszinsen für einen Zeitraum von höchstens 48 Monaten festzusetzen. Die Verzinsung beginnt ab 1. Oktober des Jahres, das auf das Jahr, in dem der Abgabenanspruch entstanden ist, folgt. Anspruchszinsen, die den Betrag von 50 Euro nicht übersteigen, sind nicht festzusetzen (§ 205 Abs 2 zweiter Satz BAO). Dies gilt auch für Gutschriftszinsen.[177]

Im Verhältnis zum Abfuhrpflichtigen werden Abfuhrabgaben (Lohnsteuer, Kapitalertragsteuer, Beträge gem § 99 EStG 1988) nicht verzinst. Daher lösen Haftungsbescheide (§ 202 BAO) und auf § 202 BAO gestützte „Gutschriftsbescheide" keine Anspruchsverzinsung aus.[178] Zinsenrelevante Gutschriften ergeben sich aus Rückzahlungsbescheiden, die gem § 240 Abs 3 BAO oder gestützt auf völkerrechtliche Verträge ergehen. Nachforderungen können sich aus Abänderungen und Aufhebungen von Rückzahlungsbescheiden ergeben.[179]

2.13.2 Beschwerdezinsen (§ 205a BAO)

Soweit eine bereits entrichtete Abgabenschuldigkeit, deren Höhe unmittelbar oder mittelbar von der Erledigung einer Bescheidbeschwerde abhängt, herabgesetzt wird, sind auf Antrag des Abgabepflichtigen Zinsen für den Zeitraum ab Entrichtung bis zur Bekanntgabe des die Abgabe herabsetzenden Bescheides bzw. Erkenntnisses festzusetzen (Beschwerdezinsen). Die Zinsen betragen pro Jahr 2% über dem Basiszinssatz. Zinsen, die

---

[174] *Ritz*, BAO[6] § 205 Rz 33.

[175] *Ritz*, BAO[6] § 205 Rz 12.

[176] *Ritz*, BAO[6] § 205 Rz 39.

[177] *Ritz*, BAO[6] § 205 Rz 15.

[178] *Ritz*, BAO[6] § 205 Rz 6.

[179] *Ritz*, BAO[6] § 205 Rz 9.

den Betrag von € 50.- nicht erreichen, sind nicht festzusetzen. Zinsen sind nach § 205a Abs 4 BAO nur insoweit festzusetzen, als ein Bescheid in Punkten angefochten wird, in denen er von dem ihm zugrunde liegenden Anbringen abweicht oder ein Bescheid angefochten wird, dem kein Anbringen zugrunde liegt.[180]

„Wird gemäß § 212a BAO die Einhebung strittiger Abgabenbeträge ausgesetzt, so fallen Aussetzungszinsen an, wenn sich die Nachforderung als rechtmäßig erweist. Der Abgabepflichtige trägt somit das Zinsenrisiko. Wenn hingegen der Abgabepflichtige die strittigen Abgabenbeträge entrichtet und sich die Abgabennachforderung im Wege einer Berufung als rechtswidrig erweist, erfolgt eine Abgabengutschrift unverzinst. "[181]
Diesem einseitigen Zinsenrisiko soll mit der Verzinsung der mit der Berufung bestrittenen Abgabenbeträge entgegengetreten werden. Voraussetzung dafür ist, dass die bestrittenen Abgabenbeträge vor Erledigung der Berufung entrichtet werden.[182]

Die Beschwerdezinsen sind mit Abgabenbescheid (§ 198 BAO) festzusetzen.[183] Die Festsetzung von Beschwerdezinsen ist antragsabhängig und hat bei Vorliegen aller Voraussetzungen zwingend zu erfolgen.[184] Die Festsetzung liegt nicht im Ermessen der Abgabenbehörde.

Der Antrag iSd § 205a Abs 1 BAO ist bei der für die Erhebung der als Folge der Beschwerde herabgesetzten Abgabe zuständigen Abgabenbehörde zu stellen.[185] Bei Anträgen gem § 205a Abs 1 BAO handelt es sich um Anbringen iSd § 85 Abs 1 BAO, sie sind daher schriftlich einzureichen.[186] Für die Anträge gem § 205a Abs 1 BAO ist zwar eine Befristung nicht ausdrücklich vorgesehen, doch ist zu beachten, dass § 207 Abs 2

---

[180] BGBl I 2013/14.

[181] *Ritz*, BAO^6 § 205a Rz 2.

[182] Vgl *Ritz*, BAO^6 § 205a Rz 2.

[183] *Ellinger/Sutter/Urtz*, BAO^3 § 205a Rz 23.

[184] *Ellinger/Sutter/Urtz*, BAO^3 § 205a Rz 16.

[185] *Ellinger/Sutter/Urtz*, BAO^3 § 205a Rz 18.

[186] *Ellinger/Sutter/Urtz*, BAO^3 § 205a Rz 19.

BAO iVm § 208 Abs 1 BAO zufolge das Recht auf Festsetzung der Beschwerdezinsen fünf Jahre nach Ablauf des Jahres, in dem der Abgabenanspruch entstanden ist, verjährt.[187]

2.13.3 Stundungszinsen (§ 212 Abs 2 BAO)

Wird das Ansuchen um Zahlungserleichterung beim Finanzamt fristgerecht gestellt, besteht keine Verpflichtung zur Entrichtung eines Säumniszuschlages. Bis zur Erledigung des Ansuchens dürfen keine Einbringungsmaßnahmen hinsichtlich der vom Antrag erfassten Abgaben gesetzt werden. Solange aufgrund eines Ansuchens, über das noch nicht entschieden wurde, eine Vollstreckungssperre gilt oder soweit infolge einer erteilten Bewilligung ein Zahlungsaufschub eintritt, müssen Stundungszinsen bezahlt werden.[188]
Für Abgabenschuldigkeiten, die den Betrag von insgesamt € 750.- übersteigen, sind Stundungszinsen in Höhe von viereinhalb Prozent über dem jeweils geltenden Basiszinssatz pro Jahr zu entrichten. Stundungszinsen sind jedoch nicht festzusetzen, wenn sie den Betrag von € 50.- nicht erreichen.

2.13.4 Aussetzungszinsen (§ 212a Abs 9 BAO)

Für Abgabenschuldigkeiten sind

- solange auf Grund eines Antrages auf Aussetzung der Einhebung, über den noch nicht entschieden wurde, Einbringungsmaßnahmen weder eingeleitet noch fortgesetzt werden (§ 230 Abs 6 BAO), oder
- soweit infolge einer Aussetzung der Einhebung ein Zahlungsaufschub eintritt,

Aussetzungszinsen in Höhe von zwei Prozent über dem jeweils geltenden Basiszinssatz pro Jahr zu entrichten. Aussetzungszinsen, die den Betrag von 50 Euro nicht erreichen, sind nicht festzusetzen. Der Abgabenbehörde ist beim Vollzug der Bestimmungen des § 212a Abs 9 kein Ermessen eingeräumt.[189] Für die Zeit bis zur Erledigung eines Aussetzungsantrages sind Aussetzungszinsen für die von diesem betroffenen, noch nicht

---

[187] *Ellinger/Sutter/Urtz*, BAO³ § 205a Rz 17.

[188] https://www.bmf.gv.at/steuern/fristen-verfahren/fv-Beschwerde-zahlungserleichterung-nachsicht.html?-1.ILinkListener-site~mode (Stand: 01.09.2018).

[189] *Ellinger/Iro/Kramer/Sutter/Urtz*, BAO³ 212a Rz 77.

entrichteten Abgaben, soweit für sie eine Aussetzung ohne Bedachtnahme auf § 212a Abs 2 lit a und c BAO in Betracht kommen könnte, zu entrichten.[190] Wurde eine Aussetzung der Einhebung bewilligt, so endet der Zeitraum für die Zinsenberechnung mit der Bekanntgabe (§ 97) des Bescheides über den Ablauf oder den Widerruf (§ 294 BAO) der Aussetzung.[191] Für die Zeit nach der Bewilligung einer Aussetzung der Einhebung bilden die hiervon betroffenen Abgabenschuldigkeiten, soweit für sie infolge der Aussetzung ein Zahlungsaufschub eintritt, die Bemessungsgrundlage für die Aussetzungszinsen.[192] Für ein und denselben Abgabenbetrag können für einen Berechnungszeitraum nur entweder Aussetzungszinsen oder Stundungszinsen anfallen.[193]

2.14 Säumniszuschlag (§ 217 BAO)

Wird eine Abgabe, ausgenommen Nebengebühren, nicht spätestens am Fälligkeitstag entrichtet, so sind nach Maßgabe § 217 BAO Säumniszuschläge zu entrichten.
Der Säumniszuschlag stellt eine „Sanktion eigener Art" dar.[194] Der Säumniszuschlag dient als „Druckmittel" zur rechtzeitigen Erfüllung der Abgabenentrichtungspflicht und ist eine objektive Säumnisfolge.[195] Der Sinn und Zweck dahinter ist, dass die pünktliche Tilgung von Abgabenschulden sichergestellt wird.[196] Die Verwirkung von Säumniszuschlägen setzt kein Verschulden des Abgabepflichtigen voraus.[197] Unbeachtet bleiben auch die Gründe, die zum Zahlungsverzug geführt haben.[198]

„Bemessungsgrundlage des Säumniszuschlages ist die nicht entrichtete (bzw. nicht rechtzeitig entrichtete) Abgabenschuldigkeit; dies unabhängig davon,

---

[190] *Ellinger/Iro/Kramer/Sutter/Urtz*, BAO[3] 212a Rz 79.

[191] *Ellinger/Iro/Kramer/Sutter/Urtz*, BAO[3] 212a Rz 80.

[192] *Ellinger/Iro/Kramer/Sutter/Urtz*, BAO[3] 212a Rz 81.

[193] *Ellinger/Iro/Kramer/Sutter/Urtz*, BAO[3] 212a Rz 82.

[194] VwGH 21.4.1983, 83/16/0016.

[195] VwGH 24.2.2004,98/14/0146; 15.2.2006,2002/13/0165; 29.3.2007, 2005/16/0095.

[196] VwGH 24.4.1997, 95/15/0164; VfGH 3.3.2001, B 621/98.

[197] VwGH 26.7.2011, 2009/17/0125; 20.7.2011, 2009/17/0132; 14.12.2011, 2009/17/0125.

[198] VwGH 26.5.1999, 99/13/0054.

• *ob die Festsetzung der Stammabgabe rechtmäßig ist (z.B. VwGH 26.5.1999, 99/13/0054; 18.9.2003, 2002/16/0072; UFS 28.7.2011, RV/0530-G/11),*

• *ob die Festsetzung rechtskräftig ist (z.B. VwGH 30.5.1995, 95/13/0130; 26.1.2006, 2005/16/0240; BFG 18.12.2014, RV/7101944/2012; 7.2.2017, RV/7100164/2017),*

• *ob die Festsetzung mit Bescheidbeschwerde angefochten ist (vgl z.B. VwGH 23.3.2000, 99/15/0145, 0146),*

• *ob die maßgebliche Selbstberechnung der Stammabgabe richtig ist (z.B. Ritz, SWK 2001, S 313; Unger in Althuber/Tanzer/Unger, BAO-HB, § 217, 644).“*[199]

Die festgesetzten Säumniszuschlage sind mit Abgabenbescheid geltend zu machen.[200] Säumniszuschläge werden nach § 210 Abs 1 BAO einen Monat ab Zustellung des den Säumniszuschlag festsetzenden Bescheides fällig. Dies gilt sowohl für den ersten sowohl auch für den zweiten und dritten Säumniszuschlag. Der Säumniszuschlag gilt auch für Finanzstrafverfahren.[201] Dieser Bescheid ist von der Finanzstrafbehörde zu erlassen und wird nicht von der Abgabenbehörde erlassen.

Die Verpflichtung zur Entrichtung eines Säumniszuschlages kann gegebenenfalls mit der Bewilligung einer Wiedereinsetzung in den vorigen Stand (§ 308 BAO) wegfallen.[202]
Es besteht die Möglichkeit eine Herabsetzung oder Nichtfestsetzung von Säumniszuschlägen über Antrag des Abgabepflichtigen zu beantragen, falls diesen an der Säumnis kein grobes Verschulden trifft (§ 217 Abs 7 BAO).[203]

2.14.1 Erster Säumniszuschlag (§ 217 Abs 2 BAO)

Der erste Säumniszuschlag beträgt 2 % des nicht bzw. nicht fristgerecht entrichteten Betrages. Der Säumniszuschlag sanktioniert Nichtentrichtungen (spätestens) zum

[199] *Ritz*, BAO[6] § 217, 840.

[200] VwGH 21.1.1971, 749/70.

[201] VwGH 24.5.2012, 2012/16/0083.

[202] *Ellinger/Iro/Kramer/Sutter/Urtz*, BAO[3] § 217 Rz 18.

[203] *Ellinger/Iro/Kramer/Sutter/Urtz*, BAO[3] § 217 Rz 19.

Fälligkeitstag.[204] Die Abgabenschuldigkeiten richten sich primär nach den Bestimmungen der jeweiligen Abgabengesetze. Subsidiär richtet sich die Fälligkeit nach § 210 Abs 1 BAO (Ablauf eines Monates nach Bekanntgabe des Abgabenbescheides).[205]

Für den Säumniszuschlag sind „Respirofristen" (§ 211 Abs 2 oder 3 BAO) bedeutsam. *„Die Verpflichtung zur Entrichtung eines Säumniszuschlages gemäß § 211 Abs 2 entsteht nicht, soweit die Säumnis nicht mehr als fünf Tage beträgt und der Abgabepflichtige innerhalb der letzten sechs Monate vor dem Eintritt der Säumnis alle Abgabenschuldigkeiten, hinsichtlich derer die Gebarung (§ 213 BAO) mit jener der nicht zeitgerecht entrichteten Abgabenschuldigkeit zusammengefasst verbucht wird, zeitgerecht entrichtet hat."*[206] Hierbei handelt es sich um eine „ausnahmsweise Säumnis" und diese ist im § 217 Abs 5 BAO geregelt.[207]

2.14.2 Zweiter und dritter Säumniszuschlag (§ 217 Abs 3 BAO)

Der zweite und dritte Säumniszuschlag betragen je 1 % des nicht entrichteten Abgabenbetrages.[208] Der zweite Säumniszuschlag ist verwirkt, sofern eine Abgabe nicht spätestens drei Monate nach dem Eintritt ihrer Vollstreckbarkeit (§ 226 BAO) entrichtet ist.[209] Sofern sich die Fälligkeit einer Abgabenschuldigkeit nach § 210 Abs 1 BAO richtet, fallen Fälligkeit und der Eintritt der Vollstreckbarkeit (somit der Beginn der Dreimonatsfrist) zusammen. Bei Selbstbemessungsabgaben jedoch beginnt die Dreimonatsfrist frühestens mit Bekanntgabe des selbst berechneten Betrages bzw. (bei Festsetzung der Abgabe) mit Ablauf der Nachfrist des § 210 Abs 4 BAO.[210]

---

[204] *Ritz*, BAO[6] § 217 Rz 8.

[205] *Ritz*, BAO[6] § 217 Rz 8.

[206] BGBl. I Nr. 14/2013.

[207] *Ritz*, BAO[6] § 217 Rz 9.

[208] *Ritz*, BAO[6] § 217 Rz 10.

[209] *Ritz*, BAO[6] § 217 Rz 11.

[210] *Ritz*, BAO[6] § 217 Rz 11.

Der dritte Säumniszuschlag ist verwirkt, wenn eine Abgabe nicht spätestens drei Monate nach Verwirkung des zweiten Säumniszuschlages entrichtet wird. Dies gilt unabhängig vom Zeitpunkt der bescheidmäßigen Festsetzung des zweiten Säumniszuschlages.[211]
Diese beiden Dreimonatsfristen sind gesetzliche Fristen und aufgrund dessen handelt es sich gem § 110 Abs 1 BAO um nicht verlängerbare Fristen.[212]

Die Dreimonatsfristen können aber auch unterbrochen werden. Die Dreimonatsfristen werden unterbrochen, sofern gem § 217 Abs 4 BAO Anbringen oder Amtshandlungen der Verpflichtung zur Entrichtung von Säumniszuschlägen entgegenstehen. Diese Fristen beginnen mit Ablauf der sich aus § 217 Abs 4 BAO ergebenden Zeiträume neu zu laufen (§ 217 Abs 3 letzter Satz BAO).[213] Die Respirofristen (§ 211 Abs 2 und 3 BAO) sind für den Ablauf der beiden Dreimonatsfristen nicht anwendbar.[214]
Sofern der Abgabenanspruch vor Ablauf der Dreimonatsfrist erlischt, z.B. durch Löschung (§ 235 BAO) oder Nachsicht (§ 236 BAO), dann steht das der Verwirkung des zweiten Säumniszuschlages entgegen. Das selbe gilt auch für den dritten Säumniszuschlag.[215]

2.14.3 Ausnahmen

A. Ausnahmen im Zusammenhang mit Zahlungserleichterungen

Säumniszuschläge werden nach § 217 Abs 4 lit b BAO iVm § 230 Abs 3 BAO durch zeitgerechte Ansuchen um Zahlungserleichterungen verhindert. Dies gilt sowohl für den ersten als auch für den zweiten sowie für den dritten Säumniszuschlag.[216]
Ein solches Ansuchen gilt iSd § 230 Abs 3 BAO als zeitgerecht, wenn es vor Ablauf der für die Entrichtung der Abgabe zur Verfügung stehenden Frist (zB spätestens am Fälligkeitstag) oder während der Dauer eines diese Abgabe betreffenden

---

[211] *Ritz*, BAO[6] § 217 Rz 12.

[212] Vgl *Ritz*, BAO[6] § 217 Rz 13.

[213] *Ritz*, BAO[6] § 217 Rz 13.

[214] *Ritz*, BAO[6] § 217 Rz 14.

[215] *Ritz*, BAO[6] § 217 Rz 15.

[216] *Ritz*, BAO[6] § 217 Rz 18.

Zahlungsaufschubes (iSd § 212 Abs 2 zweiter Satz BAO) eingebracht wird.[217] Die Tage des Postlaufes werden in die Frist nicht mit eingerechnet (§ 108 Abs 4 BAO). Die einbringungshemmende Wirkung (§ 230 Abs 3 BAO) sowie die säumniszuschlagsverhindernde Wirkung zeitgerechter Ansuchen um Zahlungserleichterungen enden mit Ende des Zahlungsaufschubes bzw. mit Ablauf der Nachfrist des § 212 Abs 3 zweiter Satz BAO. Letztere endet ein Monat ab Zustellung des dem Ansuchen nicht stattgebenden Bescheides.[218]

Diese beiden Wirkungen kommen gem § 212 Abs 4 BAO auch Bescheidbeschwerden gegen die Abweisung von Ansuchen um Zahlungserleichterungen und Vorlageanträgen (gegen abweisende Beschwerdevorentscheidungen) zu, sofern diese Anbringen innerhalb der Nachfrist des § 212 Abs 3 zweiter Satz BAO eingebracht werden.[219]

B. Nachfrist bei Nichtstattgabe eines zeitgerechten Ansuchens

„Aus § 217 Abs 4 lit b BAO iVm § 230 Abs 2 BAO ergibt sich, dass während der Dauer der Nachfrist des § 212 Abs 3 zweiter Satz BAO (ein Monat ab Bekanntgabe des einem zeitgerechten Zahlungserleichterungsansuchen nicht stattgebenden Bescheides) keine Säumniszuschlagsansprüche entstehen.“[220] Dies gilt für den ersten als auch für den zweiten sowie für den dritten Säumniszuschlag.

Nicht stattgebende Bescheide sind Zurückweisungsbescheide, Abweisungsbescheide und Zurücknahmebescheide nach § 85 Abs 2 BAO. Nach § 217 Abs 3 letzter Satz BAO beginnt die für den zweiten Säumniszuschlag maßgebende Dreimonatsfrist erst mit Ablauf der Nachfrist neu zu laufen.[221]

---

[217] *Ritz*, BAO[6] § 217 Rz 19.

[218] *Ritz*, BAO[6] § 217 Rz 20.

[219] *Ritz*, BAO[6] § 217 Rz 21.

[220] *Ritz*, BAO[6] § 217 Rz 22.

[221] *Ritz*, BAO[6] § 217 Rz 22.

C. Zahlungsaufschub nach § 212 BAO

Auf Ansuchen des Abgabepflichtigen kann die Abgabenbehörde für Abgaben den Zeitpunkt der Entrichtung der Abgaben hinausschieben (Stundung) oder die Entrichtung in Raten bewilligen, wenn die sofortige volle Entrichtung der Abgaben für den Abgabepflichtigen mit erheblicher Härte verbunden wäre und die Einbringlichkeit der Abgaben durch den Aufschub nicht gefährdet wird.

Aus § 217 Abs 4 lit b BAO iVm § 230 Abs 5 BAO ergibt sich, dass für die Dauer des Zahlungsaufschubes bei Bewilligung der Zahlungserleichterung keine Säumniszuschlagsansprüche entstehen. Für Abgabenschuldigkeiten, die den Betrag von insgesamt € 750.- übersteigen, sind Stundungszinsen in Höhe von viereinhalb Prozent über dem jeweils geltenden Basiszinssatz pro Jahr zu entrichten. Stundungszinsen sind jedoch nicht festzusetzen, wenn sie den Betrag von € 50.- nicht erreichen. Mit der Beendigung der Zahlungserleichterung endet der Zahlungsaufschub (z.B. mit dem Ablauf der bewilligten Zahlungsfrist).[222]

D. Terminverlust

Zahlungserleichterungen erlöschen durch den Eintritt von Terminverlusten (§ 230 Abs 5 BAO, z.B. bei Nichteinhaltung eines Ratentermines). Der Zahlungsaufschub gilt aber iSd § 212 Abs 2 zweiter Satz BAO erst im Zeitpunkt der Ausstellung des Rückstandsausweises (§ 229 BAO) als beendet.[223] Säumniszuschläge sind nach § 217 Abs 4 lit c BAO nicht zu entrichten, wenn ein Zahlungsaufschub (iSd § 212 Abs 2 zweiter Satz BAO) nicht durch Ausstellung eines Rückstandsausweises als beendet gilt.
Die Dreimonatsfristen, die für den zweiten und dritten Säumniszuschlag bedeutsam sind, beginnen erst mit Ausstellung des Rückstandsausweises neu zu laufen.[224]

---

[222] *Ritz*, BAO^{6} § 217 Rz 23.

[223] *Ritz*, BAO^{6} § 217 Rz 24.

[224] *Ritz*, BAO^{6} § 217 Rz 24.

E. Widerruf von Zahlungserleichterungen

Bei Widerruf (§ 294 BAO) besteht nach § 212 Abs 3 erster Satz BAO eine Nachfrist (ein Monat ab Bekanntgabe des Widerrufsbescheides). Diese ist eine gesetzlich zustehende Zahlungsfrist iSd § 230 Abs 2 BAO. Während der Dauer der Nachfrist entstehen daher (nach § 217 Abs 4 lit b BAO iVm § 230 Abs 2 BAO) keine Säumniszuschlagsansprüche. Dies gilt sowohl für den ersten als auch für den zweiten sowie für den dritten Säumniszuschlag.[225] Die für die Verwirkung des zweiten bzw. dritten Säumniszuschlages maßgebliche Dreimonatsfrist nach § 217 Abs 3 letzter Satz BAO beginnt mit Ablauf der Nachfrist neu zu laufen.[226]

2.15 Aussetzung der Einhebung

Nach § 212a Abs 1 BAO ist die Einhebung einer Abgabe, deren Höhe unmittelbar oder mittelbar von der Erledigung einer Bescheidbeschwerde abhängt, auf Antrag des Abgabepflichtigen von der Abgabenbehörde insoweit auszusetzen, als eine Nachforderung unmittelbar oder mittelbar auf einen Bescheid, der von einem Anbringen abweicht, oder auf auf einen Bescheid, dem kein Anbringen zugrunde liegt, zurückzuführen ist.

Wenn alle Voraussetzungen des § 212a BAO der Einhebung gegeben sind, besteht darauf ein Rechtsanspruch.[227] Die Aussetzung der Einhebung ist ein antragsgebundener Verwaltungsakt. Anträge auf Aussetzung der Einhebung unterliegen der Entscheidungspflicht des § 85a BAO.[228] Demnach sind die Abgabenbehörden verpflichtet, über Anbringen (§ 85) ohne unnötigen Aufschub zu entscheiden. Aussetzungsanträge sind bei jener Abgabenbehörde einzubringen, der die Erhebung der den Gegenstand des Antrages bildenden Abgabe obliegt.[229]

---

225 *Ritz*, BAO[6] § 217 Rz 25.

226 Vgl *Ritz*, BAO[6] § 217 Rz 25.

227 *Ellinger/Iro/Kramer/Sutter/Urtz*, BAO[3] § 212a Rz 3.

228 *Ellinger/Iro/Kramer/Sutter/Urtz*, BAO[3] § 212a Rz 4.

229 *Ellinger/Iro/Kramer/Sutter/Urtz*, BAO[3] § 212a Rz 6.

Zur Stellung eines Antrags auf Aussetzung der Einhebung ist nur ein Abgabepflichtiger iSd § 77 EStG legitimiert, der von der Abgabenbehörde bereits mit Bescheid (insb. Abgaben- oder Haftungsbescheid), der eine Nachforderung zur Folge hat, in Anspruch genommen worden ist. Der Arbeitgeber ist aufgrund der Verpflichtung zur Einbehaltung sowie Abfuhr der Lohnsteuer Abgabepflichtiger iSd § 77 EStG.[230]

Bei der Aussetzung liegt ein Streit zwischen dem Abgabenpflichtigen und der Behörde über die Rechtsrichtigkeit des Abgabenbescheides zugrunde.[231] Durch das Rechtsinstitut der Aussetzung der Einhebung soll sichergestellt werden, dass der Rechtsschutzsuchende nicht generell einseitig mit allen Folgen einer potenziell rechtswidrigen behördlichen Entscheidung bis zur endgültigen Erledigung des Rechtsmittels belastet wird.[232]

Die Aussetzung nach § 212a BAO dient der faktischen Effizienz von Berufungen, weil gem § 254 BAO die Wirksamkeit eines angefochtenen Bescheides durch die Einbringung einer Berufung nicht gehemmt ist.[233]

2.15.1 Antrag auf Aussetzung der Einhebung

Die einbringungshemmende Wirkung von Anträgen auf Aussetzung der Einhebung ergibt sich aus § 230 Abs 6 BAO. Diese Bestimmung gilt auch für nicht zeitgerechte Aussetzungsanträge.[234] Sofern dem Aussetzungsantrag einbringungshemmende Wirkung zukommt, kommt ihm auch säumniszuschlagsvermeidende Wirkung zu. Die säumniszuschlagsvermeidende Wirkung besteht bis zur Erledigung des Aussetzungsantrages.[235] Soweit der Aussetzungsantrag säumniszuschlagsvermeidende

[230] *Ellinger/Iro/Kramer/Sutter/Urtz*, BAO[3] § 212a Rz 7.

[231] Vgl *Ellinger/Iro/Kramer/Sutter/Urtz*, BAO[3] § 212a Rz E4.

[232] VwGH 17. 12. 1998, 97/15/0085 = Slg 7340 F.

[233] *Ellinger/Iro/Kramer/Sutter/Urtz*, BAO[3] § 212a Rz E7.

[234] *Ritz*, BAO[6] § 217 Rz 26.

[235] Vgl *Ritz*, BAO[6] § 217 Rz 26.

Wirkung hat, unterbricht er die für den zweiten bzw. dritten Säumniszuschlag maßgebliche Dreimonatsfrist.[236]

2.15.2 Nachfrist nach § 212a Abs 7 zweiter Satz BAO

Die Nachfrist des § 212a Abs 7 zweiter Satz BAO besteht nur, sofern der Aussetzungsantrag zeitgerecht eingebracht wurde. Dieser gilt als zeitgerecht eingebracht, wenn er vor Ablauf der für die Entrichtung der Abgabe zur Verfügung stehenden Frist oder während der Dauer eines Zahlungsaufschubes iSd § 212 Abs 2 zweiter Satz BAO eingebracht wurde.[237] Die Dauer der Nachfrist beträgt einen Monat ab Bekanntgabe (Zustellung) des den Antrag (nicht stattgebend) erledigenden Bescheides.[238] Der Nachfrist kommt säumniszuschlagsvermeidende Wirkung zu. Während der Dauer der Nachfrist besteht nach § 230 Abs 2 BAO eine Hemmung der Einbringung.[239]

2.16 Verjährung

2.16.1 Bemessungsverjährung (§ 207 BAO)

In der BAO sind zwei Arten von Verjährungen vorgesehen, die Bemessungsverjährung und die Einhebungsverjährung. Die Bemessungs- (Festsetzungs-) Verjährung befristet das Recht, eine Abgabe festzusetzen. Der im § 238 BAO geregelten Einhebungsverjährung unterliegt das Recht, eine fällige Abgabe einzuheben und zwangsweise einzubringen.[240]
Die Bemessungsverjährung betrifft nicht nur das Recht auf erstmalige Festsetzung, sondern erfasst auch Abänderungen von Bescheiden. Die Verjährung führt nicht zum Erlöschen des Abgabenanspruches, sondern lediglich zum Verlust des Rechtes, diesen Anspruch geltend

---

[236] *Ritz*, BAO^6 § 217 Rz 27.

[237] Vgl *Ritz*, BAO^6 § 217 Rz 29.

[238] *Ritz*, BAO^6 § 217 Rz 29.

[239] *Ritz*, BAO^6 § 217 Rz 30.

[240] *Ritz*, BAO^6 § 207 Rz 1.

zu machen.[241] Der Eintritt der Verjährung ist im Abgabenverfahren von Amts wegen zu beachten.[242]

Die Verjährungsfrist beträgt bei Selbstbemessungsabgaben fünf Jahre. Wenn eine Abgabe hinterzogen wird, beträgt die Verjährungsfrist zehn Jahre. Die zehnjährige Verjährungsfrist für hinterzogene Abgaben (§ 207 Abs 2 zweiter Satz BAO) ist weder verlängerbar noch hemmbar.[243] Nach § 208 Abs 1 BAO beginnt die Verjährung bei Selbstbemessungsabgaben mit dem Ablauf des Jahres, in dem der Abgabenanspruch entstanden ist.

A. Verlängerung der Verjährungsfrist (§ 209 Abs 1 BAO)

Nach § 209 Abs 1 BAO verlängert sich die Verjährungsfrist um ein Jahr, wenn innerhalb der Verjährungsfrist nach außen erkennbare Amtshandlungen zur Geltendmachung des Abgabenanspruches oder zur Feststellung des Abgabepflichtigen von der Abgabenbehörde unternommen werden. Die Verlängerung um ein Jahr (dem ersten Satz des § 209 Abs 1 BAO zufolge) erfolgt unabhängig davon, ob eine oder mehrere Amtshandlungen in der Verjährungsfrist unternommen werden und in welchem Jahr der Verjährungsfrist die Amtshandlung erfolgt.[244]

Die Verjährungsfrist verlängert sich jeweils um ein weiteres Jahr, wenn solche Amtshandlungen in einem Jahr unternommen werden, bis zu dessen Ablauf die Verjährungsfrist verlängert ist. Die Verlängerung gem § 209 Abs 1 zweiter Satz BAO jeweils um ein weiteres Jahr setzt jedoch voraus, dass in jenem Jahr, in dem die nach dem ersten Satz um ein Jahr verlängerte Verjährungsfrist endet, eine Amtshandlung (iSd § 209 Abs 1 BAO) erfolgt.

Die Amtshandlung muss nach außen wirksam und einwandfrei nach außen erkennbar sein. Schriftliche Erledigungen verlängern die Verjährungsfrist nur dann, wenn sie

---

241 VwGH 3.5.2000, 97/13/0202.

242 *Ritz*, BAO⁶ § 207 Rz 3.

243 *Ritz*, BAO⁶ § 209 Rz 1.

244 *Ritz*, BAO⁶ § 209 Rz 1.

ordnungsgemäß zugestellt wurden.[245] Nur Amtshandlungen einer sachlich zuständigen Abgabenbehörde haben eine fristverlängernde Wirkung.[246] Die Verjährungsfrist verlängernde Amtshandlungen sind abgabenbehördliche Prüfungen, wie z.B. Lohnsteuerprüfungen, sofern sie von einem sachlich zuständigen Finanzamt durchgeführt werden.[247] Außenprüfungen sind aus Verjährungssicht grundsätzlich nur hinsichtlich jener Abgaben bedeutsam, die Gegenstand der Prüfung sind.[248]

B. Hemmung der Verjährung (§ 209 Abs 2 BAO)

Nach § 209 Abs 2 BAO ist die Verjährung gehemmt, solange die Geltendmachung des Anspruches innerhalb der letzten sechs Monate der Verjährungsfrist wegen höherer Gewalt nicht möglich ist. „Eine Hemmung der Verjährung (§ 209 Abs 2 BAO) wegen höherer Gewalt liegt etwa vor, wenn ein Bescheid nicht zugestellt werden kann, weil der Abgabepflichtige nach einem Unfall nicht geschäftsfähig oder wegen Lawinenabganges von der Postzustellung abgeschnitten ist.“[249]

C. Absolute Verjährungsfrist (§ 209 Abs 3 BAO)

Das Recht auf Festsetzung einer Abgabe verjährt spätestens zehn Jahre nach Entstehung des Abgabenanspruches. Die absolute Verjährungsfrist ist weder verlängerbar noch hemmbar.[250] Die absolute Verjährung beschränkt nur das Recht auf Festsetzung von Abgaben, jedoch nicht das Recht auf Einhebung und zwangsweise Einbringung von Abgaben.[251]

---

[245] *Ritz*, BAO[6] § 209 Rz 2.

[246] *Ritz*, BAO[6] § 209 Rz 9.

[247] *Ritz*, BAO[6] § 209 Rz 13.

[248] *Ritz*, BAO[6] § 209 Rz 15.

[249] *Ritz*, BAO[6] § 209 Rz 34.

[250] *Ritz*, BAO[6] § 243 Rz 36.

[251] *Ritz*, BAO[6] § 243 Rz 37.

2.16.2 Einhebungsverjährung (§ 238 BAO)

Das Recht, eine fällige Abgabe einzuheben und zwangsweise einzubringen, verjährt binnen fünf Jahren nach Ablauf des Kalenderjahres, in welchem die Abgabe fällig geworden ist, keinesfalls jedoch früher als das Recht zur Festsetzung der Abgabe. Der Eintritt der Einhebungsverjährung ist von Amts wegen zu beachten.[252] Eine Abgabe, derer Einhebungsverjährung bereits eingetreten ist, darf von den Fällen des § 238 Abs 4 BAO abgesehen, nicht mehr eingehoben werden. Das bedeutet, dass sie nicht vollstreckt werden darf, sowie auch keine Zahlungen oder sonstigen Gutschriften mehr auf sie verrechnet werden dürfen.[253]

Durch den Eintritt der Einhebungsverjährung ist (ausgenommen § 238 Abs 4 BAO) die Zahlungsverpflichtung der Abgabenzahlungsanspruch erloschen und kann vom Abgabepflichtigen im Weg eines Antrages auf Erlassung eines Abrechnungsbescheides (§ 216 BAO) geltend gemacht werden.[254] Im Gegensatz zur Festsetzungsverjährung ist bei der Einhebungsverjährung keine absolute Verjährung vorgesehen.[255]

A. Unterbrechung der Verjährung (§ 238 Abs 2 BAO)

Die Verjährung fälliger Abgaben wird durch jede zur Durchsetzung des Anspruches unternommene, nach außen erkennbare Amtshandlung, sowie durch Mahnung, durch Vollstreckungsmaßnahmen, durch Bewilligung einer Zahlungserleichterung oder durch Erlassung eines Haftungsbescheides unterbrochen. Mit Ablauf des Jahres, in welchem die Unterbrechung eingetreten ist, beginnt die Verjährungsfrist neu zu laufen.[256]

---

[252] *Ellinger/Iro/Kramer/Sutter/Urtz*, BAO[3] § 238 Rz 4.

[253] *Ellinger/Iro/Kramer/Sutter/Urtz*, BAO[3] § 238 Rz 5.

[254] *Ellinger/Iro/Kramer/Sutter/Urtz*, BAO[3] § 238 Rz 6.

[255] *Ellinger/Iro/Kramer/Sutter/Urtz*, BAO[3] § 238 Rz 14.

[256] AbgÄG 2003, BGBl I 2003/124.

B. Hemmung der Verjährung (§ 238 Abs 3 BAO)

Nach § 238 Abs 3 BAO ist die Verjährung gehemmt, solange

- die Einhebung oder zwangsweise Einbringung einer Abgabe innerhalb der letzten sechs Monate der Verjährungsfrist wegen höherer Gewalt nicht möglich ist, oder
- die Einhebung einer Abgabe ausgesetzt ist, oder
- einer Revision gemäß § 30 VwGG oder einer Beschwerde gemäß § 85 VfGG aufschiebende Wirkung zuerkannt ist.[257]

Mit dem Wegfall des Hemmungsgrundes läuft bei dessen Eintritt der noch unverbraucht gewesene Teil der Verjährungsfrist weiter. Somit endet in Fällen der Hemmung die Verjährungsfrist gegebenenfalls zu einem anderen Zeitpunkt als mit Ablauf eines Kalenderjahres.[258]

2.17 Rückzahlung

2.17.1 Ausgleich bzw. Rückzahlung durch den Arbeitgeber

Erkennt der Arbeitgeber aufgrund seiner Feststellungen oder aufgrund von Hinweisen durch den Arbeitnehmer, dass er zu viel Lohnsteuer einbehalten und abgeführt hat, kann der Arbeitgeber gem § 240 Abs 1 BAO den Ausgleich bei einer der folgenden Lohnzahlungen vornehmen oder den zu Unrecht einbehaltenen Betrag auf Verlangen des Arbeitnehmers zurückzahlen. Ein derartiger Ausgleich bzw. eine derartige Rückzahlung ist aber nur bis zum Ablauf des Kalenderjahres zulässig, in dem der Betrag einbehalten wurde.[259] Der Arbeitgeber kann jedoch nicht mehr nach § 240 Abs 1 BAO vorgehen, wenn bereits seine Haftung mittels Haftungsbescheid geltend gemacht wurde.[260]

Ist ein Ausgleich nicht mehr zulässig, hat der Arbeiter die Möglichkeit, einen Antrag nach § 202 BAO zu stellen, um eine richtigstellende Festsetzung zu erreichen.[261]

---

[257] FVwGG 2012, BGBl I 2013/14.

[258] *Ellinger/Iro/Kramer/Sutter/Urtz*, BAO³ § 238 Rz 31.

[259] *Stoll*, BAO III § 240, 2488.

[260] VwGH 16.6.1976, 806/74.

[261] *Stoll*, BAO III § 240, 2488.

2.17.2 Gutschriftsbescheid (§ 202 BAO)

Ist ein Ausgleich bzw. eine Rückzahlung iSd § 240 Abs 1 BAO nicht mehr zulässig, besteht für den Arbeiter die Möglichkeit, einen Antrag nach § 202 BAO zu stellen, um eine richtigstellende Festsetzung zu erreichen. Mit einem Haftungsbescheid können nur Nachforderungen geltend gemacht werden. Wurde jedoch die Abfuhrabgabe in richtiger Höhe einbehalten, aber ein überhöhter Betrag abgeführt, so kann ein auf § 202 BAO gestützter „Gutschriftsbescheid" erlassen werden. Dieser Bescheid ist an den Abfuhrpflichtigen zu richten.[262] Bei einem Gutschriftsbescheid handelt es sich aber nicht um einen Abgabenbescheid. Dieser spricht nur über die Höhe der Gutschrift und nicht über die Höhe der Abgabe ab.[263] Gutschriftsbescheide sind nach Tanzer (in Althuber/Tanzer/Unger, BAO-HB, § 202, 550 BAO) Maßnahmen im Rahmen einer „negativen Einhebung", sprich Erstattung. Die Rechtsqualität der Einhebung verbiete auch eine Vorläufigkeit gem § 200 BAO. „Nach Ellinger/Sutter/Urtz (BAO 3, § 202 Anm 11) ist ein solcher Gutschriftsbescheid ein abgabenrechtlicher Bescheid sui generis, der weder Abgaben- noch Haftungsbescheid ist und daher weder der Bemessungsverjährung (Festsetzungsverjährung) nach der Einhebungsverjährung unterliegt."[264]

Hat ein Arbeitgeber die Lohnsteuer in richtiger Höhe einbehalten, aber zu viel abgeführt, so ist an den Arbeitgeber ein auf § 202 BAO gestützter Bescheid zu erlassen, der zu einer Gutschrift führt (außer die Bemessungsverjährung stünde dem entgegen).[265] Wurden jedoch für einen Zeitraum Abfuhrabgaben teils zu niedrig und teils zu hoch berechnet und diese abgeführt, dann sind diese Beträge nicht auszugleichen.[266]

Das Recht zur Erlassung eines „Gutschriftsbescheides" unterliegt der Bemessungsverjährung. Der Bescheid setzt eine Abgabe (wenn auch nur teilweise) fest.[267]

---

262 Vgl *Ritz*, BAO^6 § 202 Rz 7.

263 *Ritz*, BAO^6 § 202 Rz 7.

264 *Ritz*, BAO^6 § 202 Rz 7.

265 Vgl *Ritz*, BAO^6 § 202 Rz 10.

266 Vgl *Ellinger/Sutter/Urtz*, BAO^3, § 202 Anm 10.

267 Vgl *Ritz*, „Gutschriftsbescheide" gemäß § 202 BAO, SWK 11/1999, 271.

Spruch des Rückzahlungsbescheides ist (abgesehen vom Bescheidadressaten) nur der zurückzuzahlende Betrag (nicht aber - im Unterschied zum Abgabenbescheid - auch die Abgabenbemessungsgrundlage sowie die Höhe der gesamten Abgabe). Durch die Zustellung eines Gutschriftsbescheides wird die Gutschrift wirksam. Führt die Verbuchung des Bescheides zu einem Guthaben, so ist es nach Maßgabe des § 239 BAO an den Arbeitgeber zurückzuzahlen bzw. nach § 215 Abs 4 BAO umzubuchen oder zu überrechnen.[268] Das Guthaben wird in einem Verfahren nach § 239 BAO zurückgezahlt.

Ein Gutschriftsbescheid darf nach Eintritt der Bemessungsverjährung erlassen werden, wenn der Antrag innerhalb der für Anträge auf Festsetzung (§ 201 BAO) maßgeblichen Frist eingebracht ist, beispielsweise

- *„innerhalb eines Jahres ab Bekanntgabe des selbstberechneten Betrages (im Fall der sinngemäßen Anwendbarkeit des § 201 Abs 2 Z 1),*
- *innerhalb der Frist des § 304, somit innerhalb der Verjährungsfrist (für Anträge z.B. nach § 201 Abs 2 Z 3, jeweils in sinngemäßer Anwendung).“*[269]

2.17.3 Rückzahlungsantrag nach § 240 Abs 3 BAO

Unter § 240 Abs 1 und Abs 3 BAO fallen folgende Abfuhrabgaben: **Lohnsteuer**, Kapitalertragsteuer, Beträge gemäß § 99 EStG 1988, Beträge gemäß § 27 Abs 4 UStG 1994, § 7 Abs 1 VersStG 4 , § 5 Abs 2 FeuerschutzStG, § 3 Abs 2 i. V. m. § 5 Abs 1 ElektrizitätsabgabeG. Antragsbefugt ist der Eigenschuldner (der Arbeitnehmer bei der Lohnsteuer), nicht der Abfuhrpflichtige.[270] Führt der Arbeitgeber den Ausgleich bzw. die Rückzahlung nicht durch, kann der Arbeitnehmer nach § 240 Abs 3 BAO vom Finanzamt die Rückzahlung verlangen.[271]

„§ 240 Abs 3 BAO soll (bezüglich Lohnsteuer) dem Arbeitnehmer nur jenen ergänzenden Rechtsschutz gewähren, der wegen des zwischen Arbeitgeber und Arbeitnehmer bestehenden besonderen Verhältnisses beim Lohnsteuerabzug notwendig ist, um ein

---

[268] Vgl *Ritz*, „Gutschriftsbescheide" gemäß § 202 BAO, SWK 11/1999, 272.

[269] *Ritz*, BAO[6] § 202 Rz 13.

[270] *Ritz*, BAO[6] § 240 Rz 2.

[271] *Leitner*, Lohnsteuer Tz 173.

Fehlverhalten des Arbeitgebers dem Arbeitnehmer gegenüber zu korrigieren."[272] Ein Begehren, das auf § 240 Abs 3 BAO gestützt ist, setzt voraus, dass eine Rückzahlung bzw. ein Ausgleich im Wege der Arbeitnehmerveranlagung nicht möglich ist.

Der Betrag muss einbehalten worden sein. Es ist aber bedeutungslos, ob der Betrag vom Abfuhrpflichtigen entrichtet wurde. Die Lohnsteuer muss „im objektiven Sinn" zu Unrecht einbehalten sein.[273] Unter zu Unrecht einbehaltenen Beträgen sind solche zu verstehen, die entgegen der Gesetzeslage unter Verkennung rechtlicher Bestimmungen oder unter unzutreffender Beurteilung und Würdigung der tatsächlichen Verhältnisse einbehalten und abgeführt worden sind. Eine zu Unrecht einbehaltene Lohnsteuer liegt dann vor, wenn der Arbeitgeber die besonderen Verhältnisse des Lohnsteuerpflichtigen iSd § 62 EStG vernachlässigt und zu viel an Lohnsteuer einbehält und diese zu viel abführt.[274]
Der Antrag auf Rückzahlung unterliegt der Entscheidungspflicht. Der Rückzahlungsantrag ist in der Regel schriftlich einzubringen. Über Rückzahlungsanträge ist somit stets mit Bescheid abzusprechen.[275] Zuständig für die Erledigung ist das Finanzamt der Betriebsstätte des Arbeitgebers.

„§ 240 Abs 3 BAO betrifft bei der Lohnsteuer beispielsweise

- *die auf die sonstigen Bezüge (§ 67 EStG 1988) entfallende Lohnsteuer (vgl z.B. VwGH 3.12.1986, 84/13/0216; 10.4.1997, 94/15/0197),*
- *die auf unter § 68 EStG 1988 fallenden Bezüge entfallende Lohnsteuer (VwGH 9.4.1986, 85/13/0073),*
- *wenn kein Dienstverhältnis vorliegt und dennoch Lohnsteuer einbehalten wurde,*
- *bei rückwirkendem Eintritt in die unbeschränkte Steuerpflicht gem § 26 Abs 2 BAO (VwGH 2.12.1975, 1538/74),*
- *entgegen § 62 EStG 1988 einbehaltene Lohnsteuerbeträge,*

---

[272] *Ritz*, BAO[6] § 240 Rz 3.

[273] VwGH 5.10.1994, 94/15/0094.

[274] Vgl VwGH 5.10.1994, 94/15/0094.

[275] *Ritz*, BAO[6] § 240 Rz 5.

• *wenn Lohnsteuer einbehalten wurde, obwohl Österreich kein diesbezügliches Besteuerungsrecht hat.*"[276]

Für Lohnsteuer betreffende Anträge des Arbeitnehmers ist örtlich das Finanzamt zuständig, dem die Erhebung der Einkommensteuer des Antragstellers obliegt. Das ist das Wohnsitzfinanzamt des Arbeitnehmers. Das Antragsrecht des Arbeitnehmers, die Rückzahlung zu Unrecht einbehaltener Lohnsteuerbeträge zu beantragen, ist jedoch befristet. Der Antrag kann bis zum Ablauf des fünften Kalenderjahres, das auf das Jahr der Einbehaltung folgt, gestellt werden. Die Fünfjahresfrist zur Antragstellung ist eine Ausschlussfrist. Sie ist eine gesetzliche Frist und dem § 110 Abs 1 BAO zufolge nicht erstreckbar.[277] Die Rückzahlung iSd § 240 Abs 3 BAO unterliegt nicht der Einhebungsverjährung des § 238 BAO.

Beispiel:

Für im Jahr 2008 einbehaltene Beträge endet die Fünfjahresfrist mit Ablauf des Jahres 2013. Im Jahr 2015 einen solchen Antrag für Lohnsteuer 2008 zu stellen, ist daher kein geeigneter Weg, die Rückzahlung des Betrages zu erreichen, es sei denn, die Voraussetzungen für eine Wiedereinsetzung (§ 308 BAO) hinsichtlich der versäumten Fünfjahresfrist wären gegeben (diesfalls wäre der Rückzahlungsantrag spätestens gleichzeitig mit dem Wiedereinsetzungsantrag zu stellen).

Lösung: Die Frist für einen auf § 240 Abs 3 BAO gestützten Rückzahlungsantrag des Arbeitnehmers ist im Jahr 2015 bereits abgelaufen. Da die Bemessungsverjährung noch nicht eingetreten ist, ist von Amts wegen ein zur Gutschrift führender Bescheid (gemäß § 202 Abs 1 BAO) zu erlassen. Eine diesbezügliche Anregung des Arbeitgebers ist daher ein geeigneter Weg, um die Gutschrift des überhöht berechneten Betrages zu erreichen.

Wird der zu Unrecht einbehaltene Betrag im Rahmen des § 240 Abs 3 BAO zurückgezahlt, darf kein Gutschriftsbescheid iSd § 202 BAO erlassen werden.[278]

---

[276] *Ritz*, BAO[6] § 240 Rz 6.

[277] *Ritz*, BAO[6] § 240 Rz 7.

[278] *Ritz*, SWK 2000, 1431.

3. Rechtsschutz im Lohnsteuerrecht

3.1 Bescheidbeschwerde (§§ 243-249 BAO)

Gegen Bescheide, die von Abgabenbehörden erlassen wurden, sind Beschwerden (Bescheidbeschwerden) an die Verwaltungsgerichte zulässig.
Beschwerden sind Anbringen zur Geltendmachung von Rechten iSd § 85 Abs 1 BAO. Sie sind daher grundsätzlich schriftlich einzubringen. Mündliche Beschwerden sind nach Maßgabe des § 85 Abs 3 lit b und c BAO jedoch zulässig.[279]

3.1.1 Einbringung der Beschwerde (§§ 245-246 BAO)

Die Beschwerdefrist zur Einbringung der Beschwerde beträgt einen Monat. Für die Fristberechnung (insbesondere für das Fristende) gilt § 108 Abs 2 und 3 BAO. § 108 Abs 3 BAO gilt nicht nur für die unverlängerte Frist des § 245 Abs 1 BAO, sondern auch für die durch Bescheid verlängerte Beschwerdefrist. Wird in einem Bescheid als Fristende einer der im § 108 Abs 3 BAO genannten Tage bezeichnet, so endet die Frist erst am nächsten Tag, der nicht einer der vorgenannten Tage ist.[280] Bei Versäumung der Frist kommt eine Wiedereinsetzung in den vorigen Stand (§ 308 BAO) in Betracht.
Für die Beschwerdefrist gilt auch, dass die Tage des Postlaufes in die Frist nicht eingerechnet werden. Aufgrund dessen reicht es zur Einhaltung der Rechtsmittelfrist, wenn die Postaufgabe am letzten Tag der Frist erfolgt.

Für den Beginn der Beschwerdefrist ist der Tag maßgebend, an dem der Bescheid bekannt gegeben worden ist (§ 109 BAO). Bei schriftlichen Bescheiden beginnt die Frist daher idR am Tag der Zustellung. Nach § 108 Abs 3 erster Satz BAO kann der Beginn der Frist auch auf einen Samstag, Sonntag oder Feiertag fallen.[281]

---

[279] *Ritz*, BAO^6 § 243 Rz 3.

[280] *Ritz*, BAO^6 § 245 Rz 2.

[281] *Ritz*, BAO^6 § 245 Rz 7.

Nach § 245 Abs 3 BAO ist die Beschwerdefrist auf Antrag von der Abgabenbehörde aus berücksichtigungswürdigen Gründen, erforderlichenfalls auch wiederholt, zu verlängern. Durch einen Antrag auf Fristverlängerung wird der Lauf der Beschwerdefrist gehemmt.[282] Ein Antrag auf Verlängerung der Beschwerdefrist ist ein Anbringen zur Geltendmachung von Rechten iSd § 85 Abs 1 BAO. Antragsberechtigt sind diejenigen, die nach § 246 BAO zur Einbringung der Beschwerde berechtigt sind.[283] Der Antrag auf Fristverlängerung kann rechtswirksam nur innerhalb der Rechtsmittelfrist gestellt werden.[284] Die Erledigung solcher Anträge obliegt der Abgabenbehörde. Die Verlängerung der Beschwerdefrist liegt nicht im Ermessen der Abgabenbehörde. Die Fristverlängerung kann dem § 94 BAO zufolge schriftlich oder mündlich erfolgen. Fristverlängerungsbescheide sind auch dann wirksam, wenn sie rechtswidrig sind.[285]

Nach § 245 Abs 4 BAO beginnt die Hemmung des Fristenlaufes mit dem Tag der Einbringung des Antrages und endet mit dem Tag, an dem die Mitteilung oder die Entscheidung über den Antrag dem Antragsteller zugestellt wird.

Nach Ablauf der Beschwerdefrist eingebrachte Beschwerden sind gem § 260 Abs 1 lit b BAO als verspätet zurückzuweisen. *„Dies hat durch die Abgabenbehörde mit Beschwerdevorentscheidung (§ 262 BAO) bzw. durch das Verwaltungsgericht mit Beschluss (§ 278 BAO) zu erfolgen.“*[286] Wird die Beschwerdefrist versäumt, kommt Wiedereinsetzung in den vorigen Stand (§ 308 BAO) in Betracht.

Nach § 246 Abs 1 BAO ist jeder zur Einbringung einer Bescheidbeschwerde befugt, an den der Gegenstand der Anfechtung bildende Bescheid ergangen ist. Darüber hinaus sieht

---

[282] FVwGG 2012, BGBl I 2013/14.

[283] *Ritz*, BAO^6 § 245 Rz 12.

[284] VwGH 8.9.2009, 2009/17/0110.

[285] *Ritz*, BAO^6 § 245 Rz 23.

[286] *Ritz*, BAO^6 § 245 Rz 41.

§ 248 BAO die Rechtsmittelbefugnis des Haftungspflichtigen gegen Bescheide über den Abgabenanspruch vor.[287] Wird eine Beschwerde von einem hierzu nicht Legitimierten eingebracht, so ist sie gem § 260 Abs 1 lit a BAO zurückzuweisen.[288]

3.2 Beitrittsrecht des Arbeitnehmers (§§ 257-258 BAO)

Da das Gesamtschuldverhältnis keine Parteistellung des Arbeitnehmers begründet, hat dieser nicht das Recht auf Zustellung des Haftungsbescheides. Der Arbeitnehmer hat auch keine Möglichkeit eine Beschwerde gegen den Bescheid einzubringen. Der Arbeitnehmer hat jedoch das Recht, einer Beschwerde des haftenden Arbeitgebers iSd § 257 BAO beizutreten.[289] Nach § 257 Abs 1 BAO kann einer Bescheidbeschwerde, über die noch nicht rechtskräftig entschieden wurde, beitreten, wer nach Abgabenvorschriften für die den Gegenstand des angefochtenen Bescheides bildende Abgabe als Gesamtschuldner oder als Haftungspflichtiger in Betracht kommt. Als Bescheid iSd § 198 BAO kommen grundsätzlich nur Abgabenbescheide in Betracht.[290] Nach ständiger Judikatur des VwGH kann ein Arbeitnehmer der Beschwerde des Arbeitgebers gegen einen Haftungsbescheid betreffend LSt beitreten, obwohl die Inanspruchnahme des Arbeitnehmers (als Erstschuldner) durch abgabenrechtliche Vorschriften ausgeschlossen ist.[291]

Ist der Arbeitnehmer einer Bescheidbeschwerde beigetreten, kann er die gleichen Rechte geltend machen, die dem Beschwerdeführer zustehen, sodass ihm die Behörde Parteigehör zu den Ermittlungsergebnissen gewähren muss. Ist der Arbeitnehmer einer Beschwerde beigetreten, ist er somit berechtigt, einen Vorlageantrag oder Beweisantrag zu stellen, nicht jedoch, das vom Beschwerdeführer bestimmte Beschwerdebegehren zu erweitern oder dieses einzuschränken.[292] Der Beigetretene ist auch nicht berechtigt, die Beschwerde zurückzunehmen.

---

[287] *Ritz*, BAO^6 § 246 Rz 1.

[288] *Ritz*, BAO^6 § 246 Rz 7.

[289] *Stoll*, BAO III § 257, 2622.

[290] *Ellinger/Sutter/Urtz*, BAO^3 § 257 Rz E 29.

[291] VwGH 20.1.1993, 90/13/0049.

[292] Vgl *Ellinger/Sutter/Urtz*, BAO^3 § 257 Rz 11.

„Ist ein Arbeitnehmer der Berufung des Arbeitgebers gegen einen an diesen ergangenen Haftungsbescheid und Zahlungsbescheid (§ 82 Abs 1 EStG 1972) gemäß § 257 BAO beigetreten und ergeht in der Sache eine Berufungsvorentscheidung, so hat der beigetretene Arbeitnehmer auch dann Anspruch auf Erlassung einer gegen ihn wirksamen Berufungsentscheidung der Abgabenbehörde zweiter Instanz, wenn er selbst zwar keinen Antrag auf Berufungsvorlage eingebracht hat, aber der Berufungswerber oder andere der Berufung beigetretene Parteien dies getan haben."[293]

3.2.1 Voraussetzungen des Beitrittes

Der Beitritt zu einem Rechtsmittel setzt voraus, dass der Adressat des Bescheides ein Rechtsmittel eingelegt hat.[294] Ist eine Beschwerde unzulässig, so ist auch der Beitritt zu dieser Beschwerde zurückzuweisen.[295] Der Gesetzgeber unterscheidet ausdrücklich den Beitritt zu einer Beschwerde von der Einbringung einer Beschwerde. Aus § 257 Abs 2 BAO ergibt sich, dass der Beitretende nicht mehr Rechte geltend machen kann als der Beschwerdeführer.[296] Aus dem Recht, einem Rechtsmittel beizutreten, lässt sich nicht auch das Recht ableiten, das Rechtsmittel selbst zu ergreifen.[297] Der Beitritt eines Arbeitnehmers zu einer Beschwerde gegen die Vorschreibung eines Dienstgeberbeitrages zum Ausgleichsfonds für Familienbeihilfen kommt nicht in Betracht.

3.2.2 Beitrittserklärung (§ 258 BAO)

Im Gegensatz zur Einbringung von Bescheidbeschwerden und Vorlageanträgen kann der Beitritt zu einer Beschwerde nicht beim Verwaltungsgericht erklärt werden. Der Beitritt ist bei der Abgabenbehörde, die den angefochtenen Bescheid erlassen hat, schriftlich zu erklären.[298] Ein Beitritt zur Beschwerde ist förmlich und schriftlich zu erklären. Ein Beitritt

---

[293] *Ellinger/Sutter/Urtz*, BAO[3] § 257 Rz E 20.

[294] VwGH 2.12.1953, 324/53, Slg 857/F.

[295] *Ellinger/Sutter/Urtz*, BAO[3] § 257 Rz E 2.

[296] *Ellinger/Sutter/Urtz*, BAO[3] § 257 Rz E 22.

[297] VwGH 9.3.1955, 1372/53, Slg 1115/F.

[298] *Ellinger/Sutter/Urtz*, BAO[3] § 258 Rz 1.

ist erst möglich, wenn der Abgabepflichtige Beschwerde ergriffen hat.[299] Die Beitrittsberechtigung wird dann in einem eigenen Verfahren nach § 258 Abs 2 BAO überprüft. Ist die Beitrittserklärung unzulässig, so wird diese mit Bescheid zurückgewiesen.[300]

3.3 Beschwerdevorentscheidung (§ 262 BAO)

Nach § 262 Abs 1 BAO ist über Bescheidbeschwerden nach Durchführung der etwa noch erforderlichen Ermittlungen von der Abgabenbehörde, die den angefochtenen Bescheid erlassen hat, mit als Beschwerdevorentscheidung zu bezeichnendem Bescheid abzusprechen.

Beschwerdevorentscheidungen sind Bescheide über Bescheidbeschwerden, die (nach § 262 Abs 1 BAO) als „Beschwerdevorentscheidungen" zu bezeichnen sind.[301]
Die Pflicht zur Erlassung einer Beschwerdevorentscheidung unterliegt keiner Frist. Die Pflicht zur Erlassung besteht nach § 85a BAO ohne unnötigen Aufschub. Wird jedoch die Entscheidungspflicht verletzt, kommt nach § 284 BAO eine Säumnisbeschwerde an das Verwaltungsgericht in Betracht.[302]

§ 262 Abs 2 BAO regelt eine Ausnahme von der grundsätzlichen Verpflichtung der Abgabenbehörde, über Bescheidbeschwerden mit Beschwerdevorentscheidung abzusprechen. Dafür wird Einvernehmen des Beschwerdeführers und der Abgabenbehörde vorausgesetzt.[303] § 262 Abs 2 BAO ist jedoch nur dann anwendbar, wenn das Unterbleiben der Erlassung einer Beschwerdevorentscheidung bereits in der Bescheidbeschwerde beantragt wird. Dieser Antrag muss ausdrücklich und gesondert gestellt werden. Es besteht

[299] *Ellinger/Sutter/Urtz*, BAO³ § 258 Rz E 2.

[300] VwGH 20.1.1993, 90/13/0049.

[301] *Ritz*, BAO⁶ § 262 Rz 2.

[302] *Ritz*, BAO⁶ § 262 Rz 4.

[303] *Ritz*, BAO⁶ § 262 Rz 5.

kein Rechtsanspruch des Antragstellers auf Unterbleiben der Beschwerdevorentscheidung sowie auf rechtzeitige Vorlage der Beschwerde.[304]
Es ist keine Beschwerdevorentscheidung zu erlassen, wenn der Bundesminister für Finanzen den angefochtenen Bescheid erlassen hat.

Eine meritorische Erledigung der Bescheidbeschwerde darf nur erfolgen, wenn keine der in § 263 Abs 1 BAO genannten Formalerledigungen zu erfolgen hat.
Dort ist genannt:

- die Zurückweisung der Beschwerde (§ 260 BAO*),*
- *„Erklärung als zurückgenommen (bei Nichtbefolgung von auf § 85 Abs 2 BAO oder § 86a Abs 1 BAO gestützten Aufträgen),"*
- Gegenstandsloserklärung (§ 261 BAO oder bei Zurücknahme § 256 BAO). *"*[305]

Die meritorische Entscheidungsbefugnis in der Beschwerdevorentscheidung entspricht der für Berufungsvorentscheidungen maßgebenden Befugnis. Der angefochtene Bescheid ist demnach in allen Richtungen abzuändern, aufzuheben oder die Bescheidbeschwerde als unbegründet abzuweisen.[306] Die Abänderung des angefochtenen Bescheides „in jeder Richtung" umfasst auch eine mögliche „Verschlechterung".[307] Die Abänderungsbefugnis besteht nur in der Angelegenheit, die den Inhalt des Spruches des angefochtenen Bescheides gebildet hat.[308]

Eine die Bescheidbeschwerde formal erledigende Beschwerdevorentscheidung tritt als eigenständiger verfahrensrechtlicher Rechtsakt neben den angefochtenen Bescheid, ersetzt diesen aber nicht. Eine meritorische Beschwerdevorentscheidung tritt hingegen an die Stelle des mit Beschwerde angefochtenen Bescheides und ersetzt diesen daher zur Gänze.[309] Der Eintritt der Verjährung steht nach § 209a Abs 1 BAO bei einer

---

304 *Ritz*, BAO[6] § 262 Rz 6.

305 *Ritz*, BAO[6] § 263 Rz 1.

306 *Ritz*, BAO[6] § 263 Rz 2.

307 VwGH 15.3.2001, 2000/16/0082.

308 *Ritz*, BAO[6] § 263 Rz 6.

309 *Ritz*, BAO[6] § 263 Rz 11.

Abgabenfestsetzung, die in einer Beschwerdevorentscheidung oder in einem Erkenntnis zu erfolgen hat, nicht entgegen.[310]

3.3.1 Vorlageantrag (§ 264 BAO)

Gegen eine Beschwerdevorentscheidung kann innerhalb eines Monats ab Bekanntgabe der Antrag auf Entscheidung über die Bescheidbeschwerde durch das Verwaltungsgericht gestellt werden. Der Vorlageantrag hat die Bezeichnung der Beschwerdevorentscheidung zu enthalten.

3.4 Säumnisbeschwerde (§§ 284-286 BAO)

Wegen Verletzung der Entscheidungspflicht kann Beschwerde erheben, wer im Verwaltungsverfahren als Partei zur Geltendmachung der Entscheidungspflicht berechtigt zu sein behauptet (Art 132 Abs 3 B-VG). Die Beschwerde ist beim Verwaltungsgericht zu erheben, wenn der Bescheid der Abgabenbehörden nicht innerhalb von sechs Monaten nach Einlangen der Anbringen oder nach dem Eintritt zur Verpflichtung zu ihrer amtswegigen Erlassung bekanntgegeben (§ 97 BAO) werden.

Für den Fristbeginn maßgebend ist

• der Zeitpunkt des Einlangens des Anbringens oder

• der Zeitpunkt, in dem die Verpflichtung zur amtswegigen Erlassung eines Bescheides eintritt.[311]

Die Frist des § 284 Abs 2 BAO beginnt mit dem Einlangen der Säumnisbeschwerde beim Verwaltungsgericht zu laufen.

Das Verwaltungsgericht hat der Abgabenbehörde aufzutragen, innerhalb einer Frist von höchstens drei Monaten

• zu entscheiden und (gegebenenfalls) eine Abschrift des Bescheides vorzulegen oder

---

[310] *Ritz*, BAO^6 § 263 Rz 14.

[311] *Ritz*, BAO^6 § 284 Rz 4.

• anzugeben, warum eine Verletzung der Entscheidungspflicht nicht oder nicht mehr vorliegt.[312]

Die Erteilung eines solchen Auftrages liegt nicht im Ermessen des Verwaltungsgerichtes. Ein solcher Auftrag darf jedoch nur vor Ablauf der Dreimonatsfrist erfolgen.
Über Säumnisbeschwerden ist mit Beschluss oder mit Erkenntnis durch das Verwaltungsgericht abzusprechen.[313] Die Säumnisbeschwerde kann auch zurückgenommen werden. Ist die Säumnisbeschwerde weder (durch Beschluss) formell zu erledigen noch (mit Erkenntnis) abzuweisen, so hat das Verwaltungsgericht die ausständige Entscheidung in der Sache selbst zu treffen. Dies wird durch Erkenntnis durch das Verwaltungsgericht erledigt und somit mit Revision beim VwGH anfechtbar.[314]

3.4.1 Inhalt Säumnisbeschwerde

Die Säumnisbeschwerde hat folgendes zu enthalten:
- die Bezeichnung der säumigen Abgabenbehörde;
- die Darstellung des Inhaltes des unerledigten Antrages bzw. der Angelegenheit, in der eine Verpflichtung zur amtswegigen Erlassung eines Bescheides besteht;
- die Angaben, die zur Beurteilung des Ablaufes der Frist des § 284 Abs 1 BAO notwendig sind.

Die Frist des § 284 Abs 2 BAO wird durch einen Mängelbehebungsauftrag (§ 85 Abs 2 BAO) gehemmt. § 85 Abs 2 BAO ist für Säumnisbeschwerden anwendbar, wenn sie inhaltliche Mängel (fehlende Inhaltserfordernisse iSd § 285 Abs 1 BAO) aufweisen. Die Hemmung beginnt mit dem Tag der Zustellung des Mängelbehebungsauftrages und endet mit Ablauf der Mängelbehebungsfrist oder mit dem früheren Tag des Einlangens der Mängelbehebung beim Verwaltungsgericht.[315]

---

[312] *Ritz*, BAO^6 § 284 Rz 21.

[313] *Ritz*, BAO^6 § 284 Rz 11.

[314] *Ritz*, BAO^6 § 284 Rz 28.

[315] BGBl I 2013/14.

3.4.2 Aussetzung

Ist wegen einer gleichen oder ähnlichen Rechtsfrage eine Säumnisbeschwerde anhängig oder schwebt sonst vor einem Gericht oder einer Verwaltungsbehörde ein Verfahren, dessen Ausgang von wesentlicher Bedeutung für die Entscheidung in der Angelegenheit, in der die Säumnisbeschwerde eingebracht wurde, ist, so kann das Verwaltungsgericht die Entscheidung über die Säumnisbeschwerde unter Mitteilung der hierfür maßgebenden Gründe mit Beschluss aussetzen, sofern nicht überwiegende Interessen der Partei (§ 78 BAO) entgegenstehen.[316]

Die Aussetzung hat mit Beschluss zu erfolgen. Dieser Beschluss ist nach Maßgabe des Art 133 B-VG mit Revision beim VwGH oder mit Beschwerde beim VfGH anfechtbar.[317] Zuständig für eine Aussetzung gem § 286 BAO ist das Verwaltungsgericht, die Aussetzung der Entscheidung liegt im Ermessen des Verwaltungsgerichts.[318] Während der Zeit der Wirksamkeit des Aussetzungsbescheides ist die Frist des § 284 Abs 2 BAO gehemmt. Nach Beendigung des Verfahrens, das Anlass zur Aussetzung gegeben hat, ist das ausgesetzte Verfahren von Amts wegen fortzusetzen.

3.5 Wiederaufnahme des Verfahrens (§§ 303-307 BAO)

Nach § 303 BAO kann ein durch Bescheid abgeschlossenes Verfahren auf Antrag einer Partei oder von Amts wegen wiederaufgenommen werden, wenn

- der Bescheid durch eine gerichtlich strafbare Tat herbeigeführt oder sonst wie erschlichen worden ist, oder
- Tatsachen oder Beweismittel im abgeschlossenen Verfahren neu hervorgekommen sind, oder
- der Bescheid von Vorfragen abhängig war und nachträglich über die Vorfrage von der Verwaltungsbehörde bzw. dem Gericht in wesentlichen Punkten anders entschieden worden ist,

[316] BGBl I 2013/14.

[317] *Ritz*, BAO[6] § 286 Rz 2.

[318] *Ritz*, BAO[6] § 286 Rz 4.

und die Kenntnis dieser Umstände allein oder in Verbindung mit dem sonstigen Ergebnis des Verfahrens einen im Spruch anders lautenden Bescheid herbeigeführt hätte.[319]

Antragsbefugt ist die Partei im Sinn des § 78 BAO. Im Abgabenverfahren ist dies der Abgabenpflichtige. Auf Grund dessen ist der Arbeitgeber befugt, einen Wiederaufnahmsantrag zu stellen.[320] Der Antrag ist ein Anbringen zur Geltendmachung von Rechten im Sinn des § 85 Abs 1 BAO und ist daher grundsätzlich schriftlich einzubringen. Die Verfügung der Wiederaufnahme liegt im Ermessen der Abgabenbehörde. Die Ermessungsübung ist jedoch entsprechend zu begründen.[321] Der Wiederaufnahmsantrag ist entscheidungspflichtig. Es ist daher stets über ihn mit Bescheid abzusprechen. Die Ablehnung (Zurückweisung, Abweisung) eines Wiederaufnahmsantrages ist ein verfahrensrechtlicher Bescheid und ist mit Bescheidbeschwerde anfechtbar. Der Wiederaufnahmsantrag ist bis zur Rechtskraft der Entscheidung zurückziehbar.[322] Ziel der Wiederaufnahme ist es, ein insgesamt rechtmäßiges Ergebnis zu schaffen.[323]

Durch den eine Wiederaufnahme des Verfahrens bewilligenden oder verfügenden Bescheid wird der frühere Bescheid aufgehoben. Durch die Aufhebung des die Wiederaufnahme des Verfahrens bewilligenden oder verfügenden Bescheides tritt das Verfahren in die Lage zurück, in der es sich vor seiner Wiederaufnahme befunden hat.

Nach Eintritt der Verjährung ist gem § 304 BAO eine Wiederaufnahme des Verfahrens nur zulässig, wenn vor Eintritt der Verjährungsfrist beantragt wird, oder innerhalb von drei Jahren ab Eintritt der Rechtskraft des das Verfahren abschließenden Bescheides beantragt oder durchgeführt wird.

---

319 FVwGG 2012, BGBl I 2013/14.

320 VwGH 3.10.1984, 83/13/0067.

321 *Ritz*, BAO[6] § 303 Rz 64.

322 *Ritz*, BAO[6] § 303 Rz 59.

323 *Ritz*, BAO[6] § 303 Rz 4.

3.5.1 Inhaltserfordernisse für Anträge

§ 303 Abs 2 BAO regelt die Inhaltserfordernisse für Wiederaufnahmsanträge. Der Wiederaufnahmsantrag hat die Bezeichnung des Verfahrens, dessen Wiederaufnahme beantragt wird, sowie die Bezeichnung der Umstände, auf die der Antrag gestützt wird, zu enthalten. Voraussetzung für die Anwendbarkeit des § 303 Abs 2 BAO iVm § 85 Abs 2 BAO ist, dass aus dem Anbringen zumindest ansatzweise erkennbar ist, eine Wiederaufnahme werde angestrebt.[324] Der Wiederaufnahmswerber (Arbeitgeber) ist für das Vorliegen des Wiederaufnahmegrundes behauptungs- und beweispflichtig.[325] Der Arbeitgeber hat im Wiederaufnahmsantrag das Vorliegen der Wiederaufnahmsvoraussetzungen zu konkretisieren und schlüssig darzulegen.[326]

4. Abgabenhinterziehung

Beim Tatbestand der Abgabenhinterziehung nach § 33 FinStrG sind folgende Deliktsfälle von Relevanz:

- die vorsätzliche Abgabenverkürzung unter Verletzung einer abgaberechtlichen Anzeige-, Offenlegungs- oder Wahrheitspflicht (§ 33 Abs 1 FinStrG).
- die wissentliche Verkürzung von Umsatzsteuervorauszahlungen unter Verletzung der Verpflichtung zur Abgabe von Voranmeldungen gem § 21 UStG (§ 33 Abs 2 lit a FinStrG).
- **die wissentliche Verkürzung von Lohnsteuer, Dienstgeberbeiträgen zum Ausgleichsfonds für Familienbeihilfen und Zuschlägen zum Dienstgeberbeitrag unter Verletzung zur Führung von Lohnkonten gem § 76 EStG (§ 33 Abs 2 lit b FinStrG).**
- die vorsätzliche Abgabenverkürzung durch zweckwidrige Verwendung steuerbegünstigter Sachen unter Verletzung der Anzeige der anderweitigen Verwendung (§ 33 Abs 4 FinStrG).[327]

---

[324] *Ritz*, BAO[6] § 303 Rz 51.

[325] VwGH 8.5.2003, 2000/15/0091.

[326] Vgl VwGH 26.3.2003, 98/13/0142.

[327] Vgl *Ehrke-Rabel* in *Doralt/Ruppe*, Steuerrecht II[7] Rz 1441.

Ist einer dieser Tatbestände verwirklicht, so steht dafür folgender Strafrahmen zur Verfügung (§ 33 Abs 5 FinStrG):

- Geldstrafe bis zum Zweifachen des – soweit vom Vorsatz des Täters umfassten – Verkürzungsbetrags der ungerechtfertigten Abgabengutschrift, oder
- Geldstrafe und (kumulativ) primäre Freiheitsstrafe bis zu zwei Jahren.
- Bei der Hinterziehung von Verbrauchsteuern kann dazu noch auf Verfall nach Maßgabe des § 17 erkannt werden (§ 33 Abs 6 FinStrG).[328]

Das Tatobjekt:

ist der einzelne Steueranspruch des Staates gegen den Abgabepflichtigen.

Das Tatsubjekt:

Unmittelbarer Täter kann nur sein, wen eine abgabenrechtliche Pflicht selbst trifft. Tatsubjekt ist somit der Abgabepflichtige (Steuerschuldner), der Abfuhrpflichtige (z.B. bei Lohnsteuer, KESt, Abzugsteuer) und der Wahrnehmende. Seit 1.1.2016 gibt es hier auch die Verbandsverantwortlichkeit.

Die Tathandlung:

Jede Handlung oder Unterlassung, die für den Erfolg, nämlich das Verursachen einer Abgabenverkürzung, kausal ist, kann eine Tathandlung gem § 33 Abs 1 FinStrG darstellen. Das Bewirken einer Verkürzung muss zusätzlich unter Verletzung einer abgaberechtlichen Anzeige-, Offenlegungs- oder Wahrheitspflicht erfolgen (§§ 119, 120 BAO).
Den Steuerschuldner trifft auch eine Berichtigungspflicht (§ 139 BAO), somit muss dieser unverzüglich seine Abgaben gegenüber der zuständigen Abgabenbehörde berichtigen, wenn er nachträglich erkennt, dass ihm ein Fehler in seiner Abgabenerklärung unterlaufen ist und dieser Fehler zu einer Verkürzung von Abgaben geführt hat oder führen kann. Wird die Berichtigung vorsätzlich unterlassen, hat sich der Abgabenpflichtige wegen vorsätzlicher Abgabenverkürzung zu verantworten.

---

[328] *Kotschnigg* in *Tannert/Kotschnigg*, FinStrG § 33 Rz 24.

4.1 Abgabenhinterziehung nach § 33 Abs 2 lit b FinStrG

Durch Abs 2 lit b sind die Lohnsteuer (§§ 47–92 EStG), der Dienstgeberbeitrag zum Ausgleichsfonds für Familienbeihilfen (§ 39 Abs 2 lit a, §§ 41–43 FLAG) und die Zuschläge zum Dienstgeberbeitrag (§ 122 Abs 7 und 8 WKG) finanzstrafrechtlich geschützt.[329] Diese Pflicht trifft nach § 76 Abs 1 EStG den Arbeitgeber, der für jeden Arbeitnehmer ein Lohnkonto führen muss. In das Lohnkonto sind bestimmte, im Gesetz taxativ angeführte Daten aufzunehmen.

Der Arbeitgeber ist verpflichtet, die Lohnsteuer vom Arbeitnehmer einzubehalten und diese abzuführen. Begeht der Arbeitgeber eine wissentliche Verkürzung der Lohnsteuer, des Dienstgeberbeiträges zum Ausgleichsfonds für Familienbeihilfen und der Zuschläge zum Dienstgeberbeitrag unter Verletzung von Führung von Lohnkonten, liegt gem § 33 Abs 2 lit b FinStrG eine Abgabenhinterziehung vor.

Durch Nichtfestsetzung der Abgaben ist das Delikt der Abgabenhinterziehung auch vollendet. Ist eine Abgabe selbst zu berechnen, entsteht die Abgabenschuld nicht infolge eines individuellen Verwaltungsaktes, sondern unmittelbar auf Grund des Gesetzes.[330]

Der Vollendungszeitpunkt bei Selbstbemessungsabgaben liegt vor durch Nichtzahlung am Fälligkeitstag, sofern gleichzeitig eine Verletzung einer abgaberechtlichen Offenlegungspflicht vorliegt. Dieser Vollendungszeitpunkt kommt auch bei der wissentlichen Verkürzung der Lohnsteuer zum Tragen. Der Arbeitgeber hat die Lohnsteuer, die in einem Monat einzubehalten war (§ 79 Abs 1 EStG), und den Dienstgeberbeitrag zum Ausgleichsfonds für Familienbeihilfen (§ 43 Abs 1 FLAG) spätestens am 15. Tag des jeweils nachfolgenden Monats abzuführen. Mit der Nichtabfuhr bis zu diesem Tag ist die Abgabenverkürzung iSd Abs 2 lit b bewirkt.[331] Dabei ist allerdings zu beachten, dass § 79 Abs 1 EStG und § 43 Abs 1 FLAG für bestimmte Lohnzahlungsmodalitäten Sonderregelungen vorsehen.[332]

---

[329] *Lässig* in *Höpfel/Ratz*, WK² FinStrG § 33 Rz 15.

[330] *Lässig* in *Höpfel/Ratz*, WK² FinStrG § 33Rz 33.

[331] RIS-Justiz RS0087081.

[332] *Lässig* in *Höpfel/Ratz*, WK² FinStrG § 33 Rz 39.

„Die ältere Judikatur (RIS-Justiz RS0087060) verstand Abs 2 dahin, dass das gesamte Tatbild wissentlich verwirklicht werden muss. Beginnend mit EvBl 1984/107 ging der OGH hievon – in nunmehr stRsp (RISJustiz RS0087051, RS0087072; zuletzt 13 Os 18/09k, EvBl 2009/152, 1016) dahin ab, dass für die Pflichtverletzung bedingter Vorsatz (§ 8 Abs 1) hinreicht, Wissentlichkeit also nur in Bezug auf das Bewirken der Abgabenverkürzung gefordert ist.“[333]

Der strafbestimmende Wertbetrag ist nicht Teil der Tatbestände (Abs 1, 2 und 4), sondern determiniert die Strafbefugnis (Abs 5), aus welchem Grund seine Höhe auch nicht vom Vorsatz umfasst sein muss.[334] Demnach bezieht sich auch das in Abs 2 enthaltene spezielle Vorsatzerfordernis der Wissentlichkeit nicht auf die Höhe des Ausfalls, sondern auf die Verkürzung an sich.[335]

Die Lohnsteuer hat der Arbeitgeber grundsätzlich bei jeder Lohnzahlung einzubehalten (§ 78 Abs 1 erster Satz EStG) und spätestens am 15. Tag nach Ablauf des Kalendermonats abzuführen (§ 79 Abs 1 erster Satz EStG), eine Abgabenerklärung hierfür ist nicht vorgesehen.[336] Das Finanzamt kann verlangen, dass ein Arbeitgeber, der die Lohnsteuer nicht ordnungsmäßig abführt, spätestens am 15. Tag nach Ablauf des Kalendermonats eine Lohnsteueranmeldung abgibt. In dieser muss der Arbeitgeber erklären, wie viel Lohnsteuer im Kalendermonat einzubehalten war. Wird dem nicht nachgekommen liegt eine Verletzung der Offenlegungspflicht (§ 119 BAO) vor.[337]
„Demgemäß ist das vorsätzlich unter Nichtabgabe der aufgetragenen Lohnsteueranmeldung geschehene Bewirken einer Lohnsteuerverkürzung nach der Rsp des OGH (14 Os 51/07t, SSt 2007/91) und des VwGH (ÖJZ 1985/42 F; 2000/14/0135, ÖStZB 2005/613, 715) – ausschließlich – dem Tatbestand des Abs 1 zu unterstellen.“[338]

---

333 *Lässig* in *Höpfel/Ratz*, WK² FinStrG § 33 Rz 10.

334 *Lässig* in *Höpfel/Ratz*, WK² FinStrG § 33 Rz 4.

335 RIS-Justiz RS0087083.

336 *Lässig* in *Höpfel/Ratz*, WK² FinStrG § 33 Rz 19.

337 Vgl *Lässig* in *Höpfel/Ratz*, WK² FinStrG § 33 Rz 19.

338 *Lässig* in *Höpfel/Ratz*, WK² FinStrG § 33 Rz 19.

Die Ansicht, bei Erfüllung sowohl des Tatbestands des Abs 1 als auch jenes des Abs 2 lit b werde Abs 1 durch die „speziellere Norm" des Abs 2 lit b verdrängt,[339] ist nicht haltbar, weil Spezialität nur dann vorliegt, wenn ein Tatbestand sämtliche Merkmale des anderen enthält. Das trifft hier jedoch nicht zu, weil Abs 2 lit b nicht alle Tatbestandsmerkmale des Abs 1 aufweist.

„Wurde die Vorlage von Lohnsteueranmeldungen angeordnet (§ 80 EStG), wird somit in Bezug auf den gleichen LSt-Verkürzungsbetrag und denselben Steuerzeitraum das Finanzvergehen der Abgabenhinterziehung nach Abs 2 lit b von jenem des Abs 1 konsumiert, wobei hier aufgrund der zeitlichen Parallelität eine a typische Begleittat anzunehmen ist."[340]

4.2 Finanzordnungswidrigkeit nach § 49 Abs 1 FinStrG

Kann dem Täter im Falle der Vorauszahlungsverkürzung keine Wissentlichkeit angelastet werden, so kann bei Vorliegen eines zumindest bedingten Vorsatzes der Tatbestand des § 49 Abs 1 FinStrG verwirklicht sein.[341] Entsprechend der Legaldefinition des § 1 FinStrG zählen Finanzordnungswidrigkeiten zu den Finanzvergehen und stellen keine Ordnungsverstöße im üblichen verwaltungsrechtlichen Sinne dar. Finanzordnungswidrigkeiten können nur vorsätzlich, aber nie fahrlässig begangen werden. Dabei handelt es sich zum Beispiel um die Nichtentrichtung von Selbstberechnungsabgaben: Eine Finanzordnungswidrigkeit begeht danach, wer Selbstberechnungsabgaben (LSt, KESt, Vorauszahlung an USt) nicht spätestens am fünften Tag nach Fälligkeit entrichtet oder abführt.[342]

Unmittelbarer Täter des § 49 Abs 1 lit a FinStrG ist, wer zur Entrichtung der Selbstbemessungsabgabe verpflichtet ist oder diese Pflicht faktisch wahrnimmt.[343]

[339] *Leitner/Toifl/Brandl*, Finanzstrafrecht Rz 1107.

[340] *Lässig* in *Höpfel/Ratz*, WK² FinStrG § 33 Rz 19.

[341] *Ehrke-Rabel* in *Doralt/Ruppe*, Steuerrecht II⁷ Rz 1456.

[342] Vgl Ehrke-Rabel in Doralt/Ruppe, Steuerrecht II⁷ Rz 1447.

[343] *Althuber* in *Tannert/Kotschnigg*, FinStrG § 49 Rz 9.

Tatobjekt sind die Selbstberechnungsabgaben bzw Selbstbemessungsabgaben.[344]
Die Tathandlung des § 49 Abs 1 lit a FinStrG besteht in der teilweisen Nichtentrichtung oder im Unterlassen der Entrichtung von Selbstbemessungsabgaben bis spätestens am fünften Tag nach Fälligkeit.[345]

Dabei handelt es sich um ein echtes Unterlassungsdelikt. Die Strafbarkeit kann durch rechtzeitige Bekanntgabe des geschuldeten Betrags abgewendet werden. Jedoch nach Ablauf der Frist ist nur mehr eine Selbstanzeige möglich. Das Finanzvergehen ist mit der (teilweisen) Nichtentrichtung/Nichtabfuhr am fünften Tag nach Fälligkeit vollendet. Es sind keine zusätzlichen Handlungen oder Pflichtverletzungen für die Vollendung notwendig.[346] Der im Anwendungsbereich des § 49 Abs 1 lit a FinStrG geforderte Vorsatz muss sich lediglich auf die Verwirklichung des Tatbilds, sohin auf die Versäumung des Termins für die Entrichtung der Selbstbemessungsabgabe, richten.[347]
Der Vorsatz muss im Zeitpunkt der Tat (spätestens am fünften Tag nach Fälligkeit) vorliegen.[348]

4.2.1 Abgrenzung von § 49 Abs 1 zu § 33 FinStrG

Die Abgrenzung der Begehungsformen des § 49 Abs 1 FinStrG zur Abgabenhinterziehung gem § 33 FinStrG ist nach Ansicht des VwGH darin gelegen, dass bei der Abgabenhinterziehung zur Nichtentrichtung von Selbstbemessungsabgaben auch die Verletzung einer abgabenrechtlichen Anzeige-, Offenlegungs- oder Wahrheitspflicht hinzutreten muss.[349] Weiters genügt bei der Finanzordnungswidrigkeit des § 49 Abs 1 FinStrG bedingter Vorsatz auf die Versäumung des Termins für die Entrichtung der Selbstbemessungsabgabe. Die Abgabenhinterziehung gem § 33 Abs 2 FinStrG erfordert hingegen Wissentlichkeit in Bezug auf den Verkürzungserfolg.

---

[344] *Althuber* in *Tannert/Kotschnigg*, FinStrG § 49 Rz 10.

[345] VwGH 5.4.2011, 2011/16/0080.

[346] Vgl *Althuber* in *Tannert/Kotschnigg*, FinStrG § 49 Rz 14.

[347] *Althuber* in *Tannert/Kotschnigg*, FinStrG § 49 Rz 15.

[348] *Althuber* in *Tannert/Kotschnigg*, FinStrG § 49 Rz 16.

[349] VwGH 22.2.2006, 2003/17/0249.

4.2.2 Abgrenzung von § 49 Abs 1 zu § 33 Abs 2 lit b FinStrG

Gem § 33 Abs 2 lit b FinStrG macht sich der Abgabenhinterziehung schuldig, wer vorsätzlich unter Verletzung der Verpflichtung zur Führung von dem § 76 EStG sowie dazu ergangener Verordnungen entsprechenden Lohnkonten eine Verkürzung von LSt, DB oder DZ bewirkt und dies nicht nur für möglich, sondern für gewiß hält.[350]

Wie bereits ausgeführt genügt bei der Finanzordnungswidrigkeit des § 49 Abs 1 FinStrG bedingter Vorsatz auf die Versäumung des Termins für die Entrichtung der Selbstbemessungsabgabe, hingegen § 33 Abs 2 lit b FinStrG Wissentlichkeit verlangt. Die (bloß) bedingt vorsätzliche Verkürzung von LSt, DB oder DZ ist daher nicht als Abgabenhinterziehung, sondern als Finanzordnungswidrigkeit iSd § 49 Abs 1 lit a FinStrG strafbar.[351]

4.2.3 Sanktionierung

Die Obergrenze der ausschließlich angedrohten Geldstrafe beträgt gem § 49 Abs 2 FinStrG die Hälfte des nicht oder verspätet entrichteten/abgeführten Abgabenbetrags bzw. der geltend gemachten Abgabengutschrift. Der VwGH erklärt, dass Geldstrafen im Ausmaß von rund 14% dieses Strafrahmens nicht exzessiv sind.[352] *„Ebenso liegt eine Geldstrafe von 45% der Obergrenze noch im Rahmen des zulässigen Ermessens, wenn Erschwerungsgründe berücksichtigt werden müssen.“*[353]

4.3 Offenlegungs- und Wahrheitspflicht (§ 119 BAO)

Die schuldhafte Verletzung einer abgabenrechtlichen Anzeige-, Offenlegungs- oder Wahrheitspflicht ist Tatbestandselement (Tatbestandsmerkmal) bei der Abgabenhinterziehung (§ 33 FinStrG), der fahrlässigen Abgabenverkürzung (§ 34

350 *Althuber* in *Tannert/Kotschnigg*, FinStrG § 49 Rz 24.

351 *Althuber* in *Tannert/Kotschnigg*, FinStrG § 49 Rz 24.

352 VwGH 31.3.1998, 96/13/0004.

353 VwGH 8.2.2007, 2006/15/0293.

FinStrG), der Hinterziehung von Eingangs- oder Ausgangsabgaben (§ 35 Abs 2 FinStrG) und bei der Erwirkung ungerechtfertigter Zahlungserleichterungen (§ 50 FinStrG).[354]

Nach § 51 Abs 1 lit a FinStrG macht sich einer Finanzordnungswidrigkeit schuldig, wer, ohne hierdurch den Tatbestand eines anderen Finanzvergehens zu erfüllen, vorsätzlich eine abgaben- oder monopolrechtliche Anzeige-, Offenlegungs- oder Wahrheitspflicht verletzt.[355]

Offen legen bedeutet offenbaren der abgabenrechtlich bedeutsamen Tatsachen, deren Kenntnis für eine der Wahrheit entsprechende Abgabenerhebung erforderlich ist.[356]
Bei den offen zu legenden Umständen handelt es sich um für die abgabenbehördliche Entscheidung bedeutsame Tatsachen, nicht aber auch um rechtliche Würdigungen.[357] Die Offenlegungspflicht beschränkt sich auf abgabenrelevante Umstände.[358]

Vollständig und wahrheitsgemäß offen legen bedeutet, der Abgabenbehörde ein richtiges, vollständiges und klares Bild von den für die Abgabenerhebung maßgeblichen Umständen zu verschaffen.[359] Die Nichtabgabe von Lohnsteueranmeldungen, zu denen der Steuerpflichtige mit Bescheid verpflichtet wurde, ist eine Verletzung einer Offenlegungspflicht iSd § 33 Abs 1 FinStrG.[360] Der Tatbestand des § 51 Abs 1 lit a FinStrG ist erfüllt, wenn Lohnsteueranmeldungen trotz behördlicher Verpflichtung vorsätzlich nicht eingereicht werden.[361]

---

[354] *Ellinger/Iro/Kramer/Sutter/Urtz*, BAO[3] § 119 Rz 12.

[355] *Ellinger/Iro/Kramer/Sutter/Urtz*, BAO[3] § 119 Rz 13.

[356] VwGH 28.10.1997, 97/14/0121.

[357] *Ellinger/Iro/Kramer/Sutter/Urtz*, BAO[3] § 119 Rz 1.

[358] VwGH 26.11.2002, 99/15/0154.

[359] VwGH 5.10.1987, 85/15/0372.

[360] VwGH 14.2.1984, 83/14/0105.

[361] VwGH 22.10.1986, 83/13/0055.

4.4 Strafaufhebung durch Selbstanzeige (§ 29 FinStrG)

Hat ein Abgabenpflichtiger Abgaben hinterzogen, kann er sich durch eine Selbstanzeige bei einem Finanzamt Straffreiheit sichern. Durch die Selbstanzeige erspart sich die Finanzbehörde schwierige Ermittlungsverfahren zur Aufklärung des Finanzvergehens, auch die tatsächliche Entrichtung der Abgabenschuld wird gesichert. Die Selbstanzeige ist in Wesen und Zweck ähnlich wie die Tätige Reue im StGB.

Das Finanzstrafgesetz sieht äußerst strenge Voraussetzungen für eine strafbefreiende Selbstanzeige vor. Die Voraussetzungen für eine wirksame Selbstanzeige sind:

- Darlegung der Verfehlung bei einem Finanzamt (oder bei einem Zollamt, sofern Vollziehung durch die Zollbehörde vorliegt),
- Offenlegung der bedeutsamen Umstände: In der Selbstanzeige müssen sowohl die Verfehlung selbst, als auch im Falle einer Abgabenverkürzung sämtliche für die Feststellung der Verkürzung bedeutsamen Umstände offen gelegt werden.
- Rechtzeitigkeit:

Die Rechtzeitigkeit liegt vor, wenn noch keine Verfolgungshandlung durch die Finanzbehörde erfolgt ist. Eine Verfolgungshandlung ist jede nach außen erkennbare Amtshandlung durch ein Gericht, einer Finanzstrafbehörde oder eines Organes des öffentlichen Sicherheitsdienstes. Eine Verfolgungshandlung kann eine Vorladung zur Vernehmung, eine Aufforderung zur schriftlichen Rechtfertigung, die Hausdurchsuchung oder die Beschlagnahme sein. Es ist nicht nötig, dass die Verfolgungshandlung dem Selbstanzeiger bekannt ist.[362] Sobald eine Verfolgungshandlung gesetzt wurde, kann keine strafbefreiende Wirkung mehr eintreten. Die Finanzbehörde darf auch noch keine Kenntnis von der Tatentdeckung haben und der Abgabenpflichtige darf für denselben Abgabenanspruch (ausgenommen VZ) nicht schon einmal eine Selbstanzeige eingereicht haben. Eine abermalige Selbstanzeige im Hinblick auf denselben Abgabenanspruch wirkt nicht mehr strafbefreiend.[363]

- Täternennung:

---

[362] Vgl *Leitner* ua, Finanzstrafrecht^4 Rz 1996.

[363] Vgl *Leitner* ua, Finanzstrafrecht^4 Rz 1997.

Wer hat die Abgabe verkürzt? Bei Verbänden (Kapitalgesellschaften, Personengesellschaften) müssen die Gesellschaft und der Geschäftsführer genannt werden, um für beide Strafbefreiung zu bewirken.

- Entrichtung der verkürzten Abgaben binnen Monatsfrist. Die Monatsfrist beginnt bei Selbstbemessungsabgaben mit der Abgabe der Selbstanzeige, in allen übrigen Fällen mit Bekanntgabe des geschuldeten Betrages durch berichtigten Abgabenbescheid.

Ist die Selbstanzeige insofern mangelhaft, als das Erfordernis der Offenlegung aller abgabenrelevanten Umstände nicht erfüllt wird, geht dies zu Lasten des Abgabenpflichtigen. Dieser kann sich nicht auf einen Irrtum berufen.[364] Im Gesetz ist für die Selbstanzeige keine besondere Form vorgeschrieben. Eine Selbstanzeige kann grundsätzlich schriftlich, mündlich oder aus einer Kombination aus mündlich und schriftlich erfolgen. Bei schriftlicher Selbstanzeige sollte diese jedoch sinnvollerweise als Selbstanzeige bezeichnet werden. Auch mündliche Selbstanzeigen sind in Form einer Niederschrift möglich.[365] Die Selbstanzeige kann via Post, Fax, persönlich oder über Finanzonline eingebracht werden. Die Selbstanzeige wirkt für den Anzeiger und für die Person, für die sie erstattet wird.

4.4.1 Strafzuschlag bei Selbstanzeigen

Bei Selbstanzeigen, die für vorsätzlich und grob fahrlässig begangene Finanzvergehen anlässlich einer finanzbehördlichen Nachschau, Beschau, Prüfung von Büchern oder Aufzeichnungen nach deren Anmeldung oder sonstigen Bekanntgabe erstattet werden, wird seit 01.10.2014 ein Strafzuschlag fällig.[366] Die Höhe des Zuschlags richtet sich nach der Höhe der hinterzogenen Abgaben:

---

[364] Vgl *Leitner* ua, Finanzstrafrecht[4] Rz 1997.

[365] Vgl *Leitner* ua, Finanzstrafrecht[4] Rz 1998.

[366] www.kps-partner.at (Stand 28.05.2018).

Höhe der Abgabennachzahlung	Zuschlag
<EUR 32.999.-	5 %
>EUR 33.000.-	15 %
>EUR 100.000.-	20 %
>EUR 250.000.-	30 %

4.5 Strafaufhebung in besonderen Fällen (Verkürzungszuschlag)

Die Entscheidung über die Anwendung oder Nichtanwendung des § 30a FinStrG erfolgt durch die Abgabenbehörde.[367] Die Abgabenbehörden sind berechtigt, eine Abgabenerhöhung von 10% der im Zuge einer abgabenrechtlichen Überprüfungsmaßnahme festgestellten Nachforderungen, soweit hinsichtlich der diese begründenden Unrichtigkeiten der Verdacht eines Finanzvergehens besteht, festzusetzen. Voraussetzung ist, dass der strafrechtlich verdächtige Betrag für ein Jahr (einen Veranlagungszeitraum) insgesamt 10.000 Euro, in Summe jedoch 33.000 Euro nicht übersteigt (seit 1.1.2016 ist subjektive Mindestvoraussetzung grobes Verschulden).

Eine weitere Voraussetzung ist, dass sich der Abgabe- oder Abfuhrpflichtige mit der Festsetzung des Verkürzungszuschlages innerhalb von 14 Tagen nach Festsetzung der Abgabennachforderung einverstanden erklärt. Des Weiteren muss er auf die Erhebung eines Rechtsmittels gegen die Festsetzung der Abgabenerhöhung wirksam verzichten. Werden die Abgabenerhöhung und die dieser zugrunde liegenden Abgabennachforderungen innerhalb eines Monats zur Gänze entrichtet, tritt Straffreiheit hinsichtlich der im Zusammenhang mit diesen Abgabennachforderungen begangenen Finanzvergehen ein. Ein Zahlungsaufschub darf nicht gewährt werden. [368]

---

[367] www.wko.at (Stand: 28.08.2018).

[368] www.wko.at (Stand: 28.08.2018).

Die Festsetzung einer Abgabenerhöhung ist ausgeschlossen, wenn bereits ein Finanzstrafverfahren anhängig ist, wenn eine Selbstanzeige vorliegt oder wenn die Bestrafung spezialpräventiv erforderlich ist.[369]

4.6 Verjährung der Strafbarkeit (§ 31 FinStrG)

Die Strafbarkeit eines Finanzvergehens erlischt durch Verjährung. Die Verjährungsfrist beträgt

- 1 Jahr für Finanzordnungswidrigkeiten;
- 3 Jahre für Ordnungswidrigkeiten bei selbst zu berechnenden Abgaben;
- 5 Jahre für die übrigen Finanzvergehen;
- 10 Jahre bei Finanzvergehen, für deren Verfolgung die Finanzstrafbehörde zuständig ist (absolute Verjährung).[370]

Für den Eintritt der Verjährung ist zunächst die Feststellung ihres Beginns erforderlich. Maßgeblich ist der Zeitpunkt, an dem die mit Strafe bedrohte Tätigkeit abgeschlossen ist oder das mit Strafe bedrohte Verhalten aufhört.[371] Gehört zum Tatbestand ein Erfolg, dann beginnt die Verjährungsfrist erst mit dessen Eintritt zu laufen, aber nie früher als die Verjährungsfrist für die Festsetzung der Abgabe, gegen die sich die Straftat richtet. Bei Begehung eines neuerlichen vorsätzlichen Finanzdeliktes (§ 31 Abs 4 FinStrG) beginnt die Verjährungsfrist erneut. Bei Dauerdelikten und Unterbrechungstatbeständen beginnt die Verjährung bei jedem sonstigen Steuervergehen jeweils neu zu laufen.

Die Vollstreckbarkeit einer Strafe erlischt nach Ablauf von 5 Jahren, gerechnet ab Rechtskraft der Strafentscheidung (§ 32 FinStrG).[372]

---

[369] *Ehrke-Rabel* in *Doralt/Ruppe,* Steuerrecht II^{7} Rz 1437.

[370] www.poettinger-partner.at (Stand: 25.08.2018).

[371] *Doralt/Ruppe* 653 Rz 1438.

[372] *Doralt/Ruppe* 653 Rz 1439.

5. Schlussfolgerung

Die Lohnsteuer ist eine besondere Erhebungsform der Einkommensteuer für Einkünfte aus nichtselbständiger Arbeit. Bei den Einkünften aus nichtselbständiger Arbeit wird die Einkommensteuer nicht im Wege der Veranlagung, sondern durch Abzug vom Arbeitslohn eingehoben. Der Arbeitnehmer bleibt jedoch als Steuerpflichtiger Steuerschuldner der Lohnsteuer, auch wenn der Arbeitgeber gem § 82 EStG für die Einbehaltung und für die Abfuhr der Lohnsteuer haftet. Dem Arbeitgeber obliegt die Berechnung, Einbehaltung und Abfuhr der Lohnsteuer. Der Arbeitnehmer kann nur in taxativ aufgezählten Fällen zur Haftung herangezogen werden.

Die Pflichten eines Arbeitgebers im Rahmen des Lohnsteuerabzugs sind sehr umfassend und führen zu schwierigen Abgrenzungsfragen. Um Risiken zu vermeiden, können der Arbeitnehmer sowie auch der Arbeitgeber beim Betriebsstättenfinanzamt eine Auskunft einholen. Das Finanzamt der Betriebsstätte hat auf Anfrage der Partei innerhalb von 14 Tagen darüber Auskunft zu geben, ob und inwieweit die Vorschriften über die Lohnsteuer anzuwenden sind. Die Finanzbehörde ist an die Lohnsteuerauskunft nach dem Grundsatz von Treu und Glauben gebunden. Der Grundsatz von Treu und Glauben schützt den Arbeitgeber auch bei unrichtigen Auskünften des Finanzamts. Ist der Arbeitgeber der Lohnsteuerauskunft gefolgt und es kommt in der Folge zu einer Nachforderung der Lohnsteuer, kann der Arbeitgeber nicht zur Haftung herangezogen werden und der Vertrauensschaden kann im Wege einer Nachsicht beseitigt werden.

Das Finanzamt der Betriebsstätte hat die Einhaltung der ordnungsgemäßen Einbehaltung und Abfuhr der Lohnsteuer zu prüfen. Unrichtigkeiten des Lohnsteuerabzuges können sich im Zuge einer Lohnsteuerprüfung herausstellen. Der Arbeitgeber hat dafür Sorge zu tragen, dass die Richtigkeit des Lohnsteuerabzugs jederzeit anhand geeigneter Unterlagen (durch Lohnkonten, Geschäftsbücher) nachprüfbar ist, sowie dass die tatsächliche Nachprüfung unter Beachtung der Verpflichtung gemäß § 87 EStG ermöglicht wird.

Sollte der Arbeitgeber zu wenig Lohnsteuer einbehalten und abgeführt haben, muss der Arbeitgeber damit rechnen, dass er vom Finanzamt zur Nachzahlung aufgefordert wird. Zu wenig Lohnsteuer wird z.B. dann einbehalten und abgeführt, wenn der Arbeitgeber die Lohnsteuer nicht richtig berechnet oder er einen steuerpflichtigen Betrag steuerfrei behandelt. Beim unrichtigen Lohnsteuerabzug muss differenziert werden, ob zu wenig oder zu viel Lohnsteuer einbehalten und abgeführt worden ist. Hat der Arbeitgeber zu wenig Lohnsteuer einbehalten und abgeführt, muss der Arbeitgeber die zu wenig abgeführte Lohnsteuer innerhalb eines Monats an das Finanzamt nachzahlen. Die Haftung des Arbeitgebers wird mittels Haftungsbescheid geltend gemacht. Gegen den Haftungsbescheid kann der Arbeitgeber Beschwerde erheben. Aufgrund der mangelnden Parteistellung hat der Arbeitnehmer nur die Möglichkeit, der Beschwerde des Arbeitgebers beizutreten.

Wenn der Arbeitgeber die Lohnsteuer nicht ordnungsgemäß abführt hat, kann das Betriebsstättenfinanzamt vom Arbeitgeber auch verlangen, dass er eine Lohnsteueranmeldung abgibt, Wird der Arbeitgeber vom Finanzamt zur Haftung herangezogen tritt der Arbeitgeber nach § 1358 ABGB analog mit der Entrichtung des aushaftenden Betrages insoweit in die Rechte des Gläubigers ein und ist befugt, vom Arbeitnehmer den Ersatz der bezahlten Schuld zu fordern. Mit dem Regressanspruch dringt der Arbeitgeber jedoch nur durch, sofern dieser die Interessen des Arbeitnehmers gewahrt hat. Ersetzt der Arbeitnehmer dem Arbeitgeber die Lohnsteuer, kommt es zu einer Anrechnung dieser Lohnsteuer auf die Einkommensteuerschuld des Arbeitnehmers.

Führt der Arbeitgeber jedoch zu viel Lohnsteuer ab, kann der Arbeitnehmer die Erstattung der Lohnsteuer begehren, da der Arbeitnehmer Steuerschuldner der Lohnsteuer ist. In diesem Fall hat der Arbeitgeber die Möglichkeit, einen Ausgleich bei einer der folgenden Lohnzahlungen durchzuführen oder die zu viel abgeführte Lohnsteuer zurückzuzahlen. Besteht für den Arbeitgeber diese Möglichkeit nicht mehr, so kann er einen Gutschriftsbescheid beantragen. Die Gutschrift wird in einem eigenen Verfahren zurückgezahlt.

Begeht der Arbeitgeber eine wissentliche Verkürzung der Lohnsteuer, des Dienstgeberbeitrages zum Ausgleichsfonds für Familienbeihilfen und Zuschlägen zum Dienstgeberbeitrag unter Verletzung von Führung von Lohnkonten, liegt gem § 33 Abs 2 lit b FinStrG eine Abgabenhinterziehung vor. Auch die Nichtabgabe von Lohnsteueranmeldungen, zu denen der Steuerpflichtige mit Bescheid verpflichtet wurde, ist eine Verletzung der Offenlegungspflicht iSd § 33 Abs 1 FinStrG.

Hat ein Arbeitgeber Abgaben hinterzogen, kann er sich durch eine Selbstanzeige bei einem Finanzamt Straffreiheit sichern. Durch die Selbstanzeige erspart sich die Finanzbehörde schwierige Ermittlungsverfahren zur Aufklärung des Finanzvergehens und die tatsächliche Entrichtung der Abgabenschuld wird gesichert.

6. Abkürzungsverzeichnis

ABGB - Allgemeines bürgerliches Gesetzbuch

Abs - Absatz

AG - Arbeitgeber

AN - Arbeitnehmer

Anm - Anmerkung

AVOG - Abgabenverwaltungsorganisationsgesetz

BAO - Bundesabgabenordnung

BGBl - Bundesgesetzblatt

BMF - Bundesministerium für Finanzen

B-VG - Bundes-Verfassungsgesetz

bzw. - beziehungsweise

dh - das heißt

etc. - et cetera

EStG - Einkommensteuergesetz

ff - und die folgenden

FinStrG - Finanzstrafgesetz

gem - gemäß

hA - herrschende Ansicht

hL - herrschende Lehre

Hrsg - Herausgeber

Hs - Halbsatz

insb - insbesondere

iSd - im Sinne der/des

iVm - in Verbindung mit

iwS - im weiteren Sinn

lit - litera

LSt - Lohnsteuer

OGH - Oberstergerichtshof

RV - Regierungsvorlage

Rz - Randzahl

sog - sogenannte/-r/-s

vgl - vergleiche

VO - Verordnung

VfGH - Verfassungsgerichtshof

VwGH - Verwaltungsgerichtshof

Z - Ziffer, Zahl

z.B. - zum Beispiel

7. Literaturverzeichnis

Entscheidungen des VwGH:

VwGH 20.2.1992, 90/13/0154

VwGH 18.10.2005, 2003/16/0486

VwGH 20.4.1989, 89/16/0009

VwGH 20.11.2012, 2008/13/0252

VwGH 24.2.2004, 99/14/0278

VwGH 26.1.1994, 92/13/0148

VwGH 22.10.1986, 83/13/0055

VwGH 29.9.2004, 2000/13/0151

VwGH 26.11.2002, 99/15/0154

VwGH 5.4.2011, 2011/16/0080

VwGH 3.7.1970, 0975/69

VwGH 22.10.1997, 95/13/0212

VwGH 8.2.2007, 2006/15/0293

VwGH 20.1.1993, 90/13/0049

VwGH 28.5.1998, 96/15/0215

VwGH 21.4.1983, 83/16/0016

VwGH 14.2.1984, 83/14/0105

VwGH 27.9.1999, 98/17/0165

VwGH 7.3.1991, 90/16/0043

VwGH 31.3.1998, 96/13/0004

VwGH 28.5.1998, 96/15/0215

VwGH 25.11.2010, 2007/15/0130

VwGH 26.3.2003, 98/13/0142

VwGH 24.2.2004, 99/14/0278

VwGH 8.9.2009, 2009/17/0110

VwGH 27.10.1987, 85/14/0010

VwGH 22.1.1987, 86/16/0023

VwGH 26.5.1999, 99/13/0054

VwGH 17.12.1996, 94/14/0148

VwGH 16.6.1976, 806/74

VwGH 24.5.2012, 2012/16/0083

VwGH 16.12.2003, 2000/15/0155

VwGH 24.2.2004, 98/14/0146

VwGH 25.5.2005, 2003/17/0256

VwGH 17.12.1957, 3094/55

VwGH 8.5.2003, 2000/15/0091

VwGH 26.7.2011, 2009/17/0125

VwGH 20.7.2011, 2009/17/0132

VwGH 14.12.2011, 2009/17/0125

VwGH 15.3.2001, 2000/16/0082

VwGH 15.2.2006, 2002/13/0165

VwGH 3.5.2000, 97/13/0202

VwGH 9.3.1955, 1372/53, Slg 1115/F

VwGH 2.12.1953, 324/53, Slg 857/F

VwGH 20.1.1993, 90/13/0049

VwGH 24.4.1997, 95/15/0164

VwGH 29.3.2007, 2005/16/0095

VwGH 26.02.1963, 1325/60

VwGH 22.2.2006, 2003/17/0249

VwGH 5.10.1994, 94/15/0094

VwGH 10.4.1985, 84/13/0004

VwGH 11.11.2010, 2010/17/0053

VwGH 16.9.1986, 85/14/0007

VwGH 17.12.1998, 97/15/0085

VwGH 27.9.2012, 2012/16/0082

VwGH 16.9.2003, 99/14/0228

VwGH 21.1.1971, 749/70

VwGH 28.6.1989, 88/16/0210

VwGH 29.4.1992, 88/17/0094

VwGH 26.5.2004, 2000/14/0090

VwGH 14.10.1992, 90/13/0009

VwGH 24.5.1993, 92/15/0037

VwGH 3.10.1984, 83/13/0067

VwGH 14.12.2000, 95/15/0028

VwGH 25.6.1985, 85/14/0028

VwGH 22.9.1999, 94/15/0104

VwGH 28.10.1997, 97/14/0121

VwGH 12.11.1987, 85/16/0113, 0114

VwGH 24.9.1954, 0137/52

VwGH 17.12.1957, 3094/55

VwGH 5.10.1987, 85/15/0372

VwGH 16.9.2003, 99/14/0228

VwGH 21.12.1956, 0359/55

VwGH 5.10.1994, 94/15/0094

VwGH 14.12.2000, 95/15/0028

Entscheidungen des VfGH:

VfGH 3.3.2001, B 621/98

VfGH 27.1.1977, B 151/75

VfGH 26.2.1988, B 597/87

VfGH 2.10.1996, A 7/96, 1997, 482

VfGH 3.10.1979, B 412–414/76, 1980, 53

VfGH 15.12.1976, G 21, 22/76, 1977, 30

Entscheidungen des OGH:

OGH 17.6.1987, 14 Ob A 80/87

OGH 1.7.1987, 14 Ob A 86/87

OGH 26. 4. 2011, 8 ObA 21/11p

OGH 20.04.1993, 11 Os 30/93

OGH 18.03.1982, 13 Os 16/81

Monographien:

Ehrke-Rabel in *Doralt/Ruppe*, Steuerrecht II[7], Grundriss des Österreichischen Steuerrechts Band II (2014)

Doralt, Steuerrecht 2018/2019[23] (2018)

Leitner/Brandl (Hrsg.), Finanzstrafrecht 2017 (2018)

Leitner/Toifl/Brandl, Österreichisches Finanzstrafrecht[3] (2008)

Müller, Lohnverrechnung 2010 mit Lohnsteuertabellen (2010)

Müller, SteuerSparBuch - Für Lohnsteuerzahler und Selbständige[23] (2018)

Pühringer, Besteuerung (2013)

Sailer/Bernold/Mertens/Kranzl, Lohnsteuer (2015)

Schmidt in *Heuermann/Wagner* (Hrsg), Lohnsteuer: Handbuch des gesamten Lohnsteuerrechts[8] (2003)

Werndl, Allgemeines Steuerrecht (2000)

Kommentare:

Doralt/Kirchmayr/Mayr/Zorn (Hrsg), Kommentar zum EStG[18] (2013)

Doralt, Einkommensteuergesetz Kommentar[14] EStG III (2010)

Doralt, Kommentar zum Einkommensteuergesetz[19] (2017)

Doralt, Lohnsteuer RL-Kommentar (2010)

Ellinger/Iro/Kramer/Sutter/Urtz, Bundesabgabenordnung mit ausführlichen Erläuterungen zum Gesetzestext und einer Zusammenstellung der Rechtssprechung[3] (Grundwerk 2008)

Fellner in *Hofstätter/Reichel,* Die Einkommensteuer (EStG 1988) Band III: Kommentar (2008)

Kletecka/Schauer, ABGB-ON (2010)

Knechtl in *Wiesner/Grabner/Wanke*, EStG 1988 Kommentar[12] (2015)

Lässig in *Höpfel/Ratz*, WK[2] FinStrG Kommentar (2010)

Ritz, BAO Kommentar[6] (2017)

Rummel, ABGB Kommentar II[3] (2007)

Stoll, BAO Kommentar[3] (1994)

Tannert/Kotschnigg, FinStrG Kommentar (2018)

Tanzer/Unger, BAO 2016/2017 Einführung in das Recht der Bundesabgabenordnung[5] (2017)

Beiträge in Zeitschriften:

Ritz, ÖStZ Gutschriftsbescheide gemäß § 202 BAO - Gutschrift von zu hoch berechneter Lohnsteuer, SWK 11/1999

Ritz, Anspruchszinsen gemäß § 205 BAO - Zur Einführung einer Verzinsung für Einkommen(Körperschafts-)steuernachforderungen und Gutschriften, SWK 1/2001, S 33-42

Ritz, Rückzahlung gemäß § 240 Abs 3 BAO, SWK 35/36/2000, S 1427-1434

Entscheidungen des unabhängigen Finanzsenats:

UFS Graz 3. 2. 2010, RV/0012-G/07

UFS Linz 12. 4. 2007, RV/0343-L/07

Internetlinks:

www.poettinger-partner.at (Stand: 25.08.2018)

www.kps-partner.at (Stand 28.05.2018)

www.wko.at (Stand: 28.08.2018)

http://www.steuerrecht.jku.at/steuerrecht/de/elemente_site/lehre/2008/Ritz%20Unterlage%20II.pdf (Stand: 11.5.2018)

https://www.bmf.gv.at/steuern/fristen-verfahren/fv-Beschwerde-zahlungserleichterung-nachsicht.html?-1.ILinkListener-site~mode (Stand: 01.09.2018)

Richtlinie des Bundesminister:

Richtlinie des BMF, 04.07.2008, 010222/0157-VI/7/2008

Richtlinie des BMF, 11.12.2015, 010222/0088-VI/7/2015

FSC
www.fsc.org
MIX
Papier | Fördert
gute Waldnutzung
FSC® C083411

Kolibri 360 GmbH
Ferdinand-Jühlke-Straße 7
99095 Erfurt, Deutschland
produktsicherheit@kolibri360.de

Druck:
CPI Druckdienstleistungen GmbH
im Auftrag der
Kolibri 360 GmbH
Ferdinand-Jühlke-Str. 7
99095 Erfurt